HISTOIRE

DE MA VIE.

PARIS, TYPOGRAPHIE DE HENRI PLON,

RUE GARANCIÈRE, 8.

HISTOIRE
DE MA VIE

PAR

GEORGE SAND.

Charité envers les autres;
Dignité envers soi-même;
Sincérité devant Dieu.

Telle est l'épigraphe du livre que j'entreprends.

15 avril 1847.

GEORGE SAND.

TOME DOUZIÈME.

PARIS

VICTOR LECOU, ÉDITEUR,

RUE DU BOULOI, 10.

1855

TROISIÈME PARTIE.

(SUITE.)

CHAPITRE ONZIÈME.

(Suite.)

La mère Alippe. — Les limbes. — Le signe de la croix.
— Les *diables*, les *sages* et les *bêtes*. — Mary G***.
— Les escapades. — Isabella C***. — Ses compositions
bizarres. — Sophy C***. — Le *secret du couvent*.
— Recherches et expéditions pour la délivrance de la
victime. — Les souterrains. — L'impasse mystérieuse. — Promenade sur les toits. — Accident bur-
lesque. — Whisky et les sœurs converses. — Le froid.
— Je passe *diable*. — Mes relations avec les sages
et les bêtes. — Mes jours de sortie. — Grand orage
contre moi. — Ma correspondance surprise. — Je
passe à la grande classe.

La religieuse qui relevait de temps en temps ces dames était la mère Alippe : c'était une petite nonne ronde et rosée comme une pomme d'api trop mûre qui commence à se rider. Elle n'était point tendre; mais elle était juste, et, quoi-

1.

qu'elle ne me traitât pas fort bien,
je l'aimais comme faisaient les autres.

Chargée de notre instruction religieuse, elle m'interrogea, le premier jour, sur le lieu où *languis-
saient* les âmes des enfants morts
sans baptême. Je n'en savais rien
du tout; je ne me doutais pas
qu'il y eût un lieu d'exil ou de
châtiment pour ces pauvres petites
créatures, et je répondis hardiment
qu'elles allaient dans le sein de
Dieu. « A quoi songez-vous et que
dites-vous là, malheureuse enfant?
s'écria la mère Alippe. Vous ne
m'avez pas entendue? Je vous demande où vont les âmes des enfants morts sans baptême? »

Je restai court. Une de mes compagnes prenant mon ignorance en
pitié, me souffla à demi-voix :
« *Dans les limbes!* » Comme elle
était Anglaise, son accent m'em-
brouilla, et je crus qu'elle me
faisait une mauvaise plaisanterie.
« *Dans l'Olympe?* » lui dis-je tout
haut en me retournant et en écla-
tant de rire. « *For shame*[1]! s'écria la
mère Alippe, vous riez pendant le
catéchisme? — Pardon, mère Alippe,
lui répondis-je, je ne l'ai pas fait
exprès. »

Comme j'étais de bonne foi, elle
s'apaisa. « Eh bien, dit-elle, puisque
c'est malgré vous, vous ne baiserez

[1] O honte! C'est notre *fi!*

pas la terre, mais faites le signe de la croix pour vous remettre et vous recueillir.

Malheureusement je ne savais pas faire le signe de la croix. C'était la faute de Rose, qui m'avait appris à toucher l'épaule droite avant l'épaule gauche, et jamais mon vieux curé n'y avait pris garde. A la vue de cette énormité, la mère Alippe fronça le sourcil : « Est-ce que vous le faites exprès, *miss?* — Hélas! non, madame. Quoi donc? — Recommencez-moi ce signe de croix. — Voilà, ma mère! — Encore? — Je veux bien, après? — Et c'est ainsi que vous faites toujours? — Mon Dieu oui. — *Mon Dieu?* Vous

avez dit *mon Dieu?* Vous jurez? —
Je ne crois pas. — Ah! malheureuse, d'où sortez-vous? C'est une
païenne, une véritable païenne, en
vérité! Elle dit que les âmes vont
dans l'Olympe; elle fait le signe de
la croix de droite à gauche, et elle
dit *mon Dieu* hors de la prière!
Allons, vous apprendrez le catéchisme avec Mary Eyre. Encore en
sait-elle plus long que vous! »

Je ne fus pas très-humiliée, je
l'avoue, je me mordis les lèvres
et me pinçai le nez pour ne pas
rire; mais la religion du couvent
me parut une si niaise et si ridicule affaire que je résolus d'en
prendre à mon aise, et surtout de

ne la jamais prendre au sérieux.

Je me trompais. Mon jour devait
venir, mais il ne vint pas tant que
je fus à la petite classe. J'étais là
dans un milieu tout à fait impro-
pre au recueillement, et certes je
ne fusse jamais devenue pieuse si
j'étais restée sous le joug odieux
de mademoiselle D*** et sous la fé-
rule un peu pédante de la bonne
mère Alippe.

Je n'avais pas de parti pris en
entrant au couvent. J'étais plutôt
portée à la docilité qu'à la révolte.
On a vu que j'y arrivais sans hu-
meur et sans chagrin; je ne demandais pas mieux que de m'y

soumettre à la discipline générale.
Mais quand je vis cette discipline
si bête à mille égards et si mé-
chamment prescrite par la D***, je
mis mon bonnet sur l'oreille, et je
m'enrégimentai résolûment dans le
camp des diables.

On appelait ainsi celles qui n'é-
taient pas et ne voulaient pas être
dévotes. Ces dernières étaient appelées les *sages.* Il y avait une va-
riété intermédiaire qu'on appelait
les *bêtes,* et qui ne prenait parti
pour personne, riant à gorge dé-
ployée des espiègleries des *diables,*
baissant les yeux et se taisant aussitôt que paraissaient les maîtresses
ou les *sages,* et ne manquant jamais

de dire aussitôt qu'il y avait danger : « *Ce n'est pas moi!* »

Au *Ce n'est pas moi* des bêtes
égoïstes, quelques-unes complète-
ment lâches prirent bientôt l'habitude d'ajouter : « C'est Dupin ou
G***. »

Dupin, c'était moi; G***, c'était
autre chose : c'était la figure la plus
saillante de la petite classe, et la
plus excentrique de tout le couvent.

C'était une Irlandaise de onze ans,
beaucoup plus grande et plus forte
que moi, qui en avais treize. Sa voix
pleine, sa figure franche et hardie,
son caractère indépendant et indomp-

table lui avaient fait donner le surnom du *garçon*; et quoique ce fût bien
une femme, qui a été belle depuis,
elle n'était pas de notre sexe par
le caractère. C'était la fierté et la
sincérité mêmes, une belle nature en vérité, une force physique
tout à fait virile, un courage plus
que viril, une intelligence rare, une
complète absence de coquetterie, une
activité exubérante, un profond mépris pour tout ce qui est faux et
lâche dans la société. Elle avait
beaucoup de frères et de sœurs,
dont deux au couvent, l'une des-
quelles (Marcella), personne excellente, est restée fille, et l'autre (Henriette), aimable enfant alors, est
devenue madame Vivien.

Mary G*** (le garçon) était sortie pour cause d'indisposition lorsque j'entrai au couvent. On m'en fit un portrait effroyable. Elle était la terreur des *bêtes*, et naturellement les bêtes étaient venues à moi pour commencer. Les *sages* m'avaient tâtée, et comme elles craignaient le bruit et la pétulance de Mary, elles tâchèrent de me mettre en garde contre elle. J'avoue qu'au portrait qu'on m'en fit, j'eus peur aussi. Il y avait des fûtées qui disaient d'un air mystérieux et qui croyaient fermement que c'était un garçon dont ses parents voulaient absolument faire une fille. Elle cassait tout, elle tourmentait tout le monde, elle était plus forte que le jardinier; elle ne

permettait pas aux laborieuses de
travailler; c'était un fléau, une
peste. Malheur à qui oserait lui tenir tête! « Nous verrons bien, disais-je, je suis forte aussi, je ne suis
pas poltronne, et j'aime bien qu'on
me laisse dire et penser à ma guise. »
Pourtant je l'attendais avec une sorte
d'anxiété. Je n'aurais pas voulu me
sentir une ennemie, une antipathie
même, parmi mes compagnes. C'était
bien assez de la D***, l'ennemie commune.

Mary arriva, et dès le premier
regard sa figure sincère me fut
sympathique. « C'est bon, me dis-je,
nous nous entendrons de reste. »
Mais c'était à elle, comme plus an-

cienne, à me faire les avances. Je
l'attendis fort tranquillement.

Elle débuta par des railleries :
« Mademoiselle s'appelle *Du pain?*
some bread? elle s'appelle Aurore?
rising-sun? lever du soleil? les jolis
noms! et la belle figure! Elle a la
tête d'un cheval sur le dos d'une
poule. Lever du soleil, je me pros-
terne devant vous; je veux être le
tournesol qui saluera vos premiers
rayons. Il paraît que nous prenons
les limbes pour l'Olympe; jolie éducation, ma foi, et qui nous promet
de l'amusement! »

Toute la classe partit d'un immense éclat de rire. Les bêtes sur-

tout riaient à se décrocher la mâ-
choire. Les sages étaient bien aises
de voir aux prises deux diables
dont elles craignaient l'association.

Je me mis à rire d'aussi bon
cœur que les autres. Mary vit du
premier coup d'œil que je n'avais
pas de dépit, parce que je n'avais
pas de vanité. Elle continua de me
railler, mais sans aigreur, et, une
heure après, elle me donna sur
l'épaule une tape à tuer un bœuf,
que je lui rendis sans sourciller et
en riant. « C'est bon, cela! dit-elle
en se frottant l'épaule. Allons nous
promener. — Où? — Partout, ex-
cepté dans la classe. — Comment

faire? — C'est bien malin! Regardez-moi et faites de même. »

On se levait pour changer de table, la mère Alippe entrait avec ses livres et ses cahiers. Mary profite du remue-ménage, et, sans prendre la moindre précaution, sans être observée cependant de personne, franchit la porte et va s'asseoir dans le cloître désert, où, trois minutes après, je vais la rejoindre sans plus de cérémonie.

« Te voilà? me dit-elle, qu'as-tu inventé pour sortir?

— Rien du tout, j'ai fait ce que je t'ai vue faire.

— C'est très-bien, cela! dit-elle. Il
y en a qui font des histoires, qui
demandent à aller étudier le piano,
ou qui ont un saignement de nez,
ou qui prétendent qu'elles vont faire
une prière de santé dans l'église,
ce sont des prétextes usés et des
mensonges inutiles. Moi, j'ai sup-
primé le mensonge, parce que le
mensonge est lâche. Je sors, je rentre, on me questionne, je ne ré-
ponds pas. On me punit, je m'en
moque, et je fais tout ce que je
veux.

— Cela me va.

— Tu es donc diable?

— Je veux l'être.

— Autant que moi?

— Ni plus ni moins.

— Accepté! fit-elle en me donnant une poignée de main. Rentrons maintenant et tenons-nous tranquilles devant la mère Alippe. C'est une bonne femme, réservons-nous pour la D***. Tous les soirs, hors de classe, entends-tu?

— Qu'est-ce que cela, hors de classe?

— Les récréations du soir dans la classe sous les yeux de la D*** sont fort ennuyeuses. Nous, nous disparaissons en sortant du réfectoire, et nous ne rentrons plus que pour la prière. Quelquefois la D*** n'y prend

pas garde, le plus souvent elle en
est enchantée, parce qu'elle a le
plaisir de nous injurier et de nous
punir quand nous rentrons. La punition c'est d'avoir son bonnet de
nuit tout le lendemain sur la tête,
même à l'église. Dans ce temps-ci,
c'est fort agréable et bon pour la
santé. Les religieuses qui vous ren-
contrent ainsi font des signes de
croix et crient: *Shame! shame*[1]*!* cela
ne fait de mal à personne. Quand
on a eu beaucoup de bonnets de
nuit dans la quinzaine, la supérieure
vous menace de vous priver de
sortir. Elle se laisse fléchir par les
parents ou elle oublie. Quand le

[1] Honte! honte!

bonnet de nuit est un état chronique, elle se décide à vous tenir
renfermée; mais qu'est-ce que cela
fait? ne vaut-il pas mieux renoncer
à un jour de plaisir que de s'ennuyer volontairement tous les jours
de sa vie?

— C'est fort bien raisonné; mais
la D*** que fait-elle quand elle
vous déteste à l'excès?

— Elle vous injurie comme une
poissarde qu'elle est. On ne lui ré-
pond rien, elle enrage d'autant plus.

— Vous frappe-t-elle?

— Elle en meurt d'envie, mais
elle n'a pas de prétexte pour en

venir là, parce que les unes trem-
blent devant elle, comme les sages
et les bêtes, et les autres, comme
nous, la méprisent et se taisent.

— Combien sommes-nous de diables dans la classe?

— Pas beaucoup dans ce moment-
ci, et il était temps que tu vinsses
nous renforcer un peu. Il y a Isabelle, Sophie et nous deux. Toutes
les autres sont des bêtes ou des
sages. Dans les sages, il y a Louise
de la Rochejaquelein et Valentine
de Gouy, qui ont autant d'esprit
que des diables et qui sont bonnes,
mais pas assez hardies pour planter
là la classe. Mais sois tranquille, il

y en a de la grande classe qui sor-
tent de même et qui viendront
nous rejoindre ce soir. Ma sœur
Marcelle en est quelquefois.

— Et alors que fait-on?

— Tu verras, tu seras initiée ce
soir. »

J'attendis la nuit et le souper
avec grande impatience. Au sortir
du réfectoire, on entrait en récréation. Dans l'été, les deux classes se
mêlaient dans le jardin. Dans l'hiver (et nous étions en hiver), chaque classe rentrait chez elle, les
grandes dans leur belle et spacieuse
salle d'études, nous dans notre
triste local, où nous n'avions pas assez

d'espace pour jouer, et où la D*** nous
forçait à nous *amuser tranquillement*,
c'est-à-dire à ne pas nous amuser
du tout. La sortie du réfectoire
amenait un moment de confusion,
et j'admirai combien les *diables* des
deux classes s'entendaient à faire
naître ce petit désordre à la faveur
duquel on s'échappait aisément.
Le cloître n'était éclairé que par
une petite lampe qui laissait les
trois autres galeries dans une quasi-
obscurité. Au lieu de marcher tout
droit pour gagner la petite classe,
on se jetait dans la galerie de gauche, on laissait défiler le troupeau,
et on était libre.

Je me trouvai donc dans les té-

nèbres avec mon amie G*** et les
autres diables qu'elle m'avait an-
noncées. Je ne me rappelle de
celles qui furent des nôtres ce soir-
là que Sophie et Isabelle, c'étaient
les plus grandes de la petite classe.
Elles avaient deux ou trois ans de
plus que moi, c'étaient deux charmantes filles. Isabelle, blonde, grande,
fraîche, plus agréable que jolie, du
caractère le plus enjoué, railleuse
quoique bonne, remarquable et remarquée surtout pour le talent, la
facilité et l'abondance de son crayon.
Elle était assurément douée d'un
certain génie pour le dessin. J'ignore
ce qu'est devenu ce don naturel;
mais il eût pu lui faire un nom et
une fortune s'il eût été développé.

Elle avait ce que n'avait aucune de nous, ce que n'ont pas ordinairement les femmes, ce qu'on ne nous enseignait pas du tout, quoique nous eussions un maître de dessin : elle savait véritablement dessiner. Elle pouvait composer heureusement un sujet compliqué, elle créait en un clin d'œil, et sans paraître y songer, des masses de personnages tous vrais de mouvement, tous comiques avec une certaine grâce, tous groupés avec une sorte de *maestria*. Elle ne manquait pas d'esprit, mais le dessin, la caricature, la composition folle servaient principalement de manifestation à cet esprit à la fois méditatif et spontané, romanesque, fantasque, satirique et enthousiaste.

Elle prenait un morceau de papier,
et, avec sa plume éclaboussante ou
un mauvais bout de fusain, que
l'œil avait peine à suivre, elle jetait
là des centaines de figures bien
agencées, hardiment dessinées et
toutes bien employées dans le sujet,
qui était toujours original, souvent
bizarre. C'étaient des processions de
nonnes qui traversaient un cloître
gothique ou un cimetière au clair
de la lune. Les tombes se soulevaient à leur approche, les morts
dans leurs suaires commençaient à
s'agiter. Ils sortaient, ils se mettaient à chanter, à jouer de divers
instruments, à prendre les nonnes
par les mains, à les faire danser.
Les nonnes avaient peur, les unes

se sauvaient en criant, les autres
s'enhardissaient, entraient en danse,
laissaient tomber leurs voiles, leurs
manteaux, et s'en allaient se perdre
en tournoyant et en cabriolant avec
les spectres dans la nuit brumeuse.

D'autres fois c'étaient de fausses
religieuses qui avaient des pieds
de chèvre, ou des bottes Louis XIII
avec d'énormes éperons se trahis-
sant sous leurs robes traînantes par
un mouvement imprévu. Le roman-
tisme n'était pas encore découvert,
et déjà elle y nageait en plein
sans savoir ce qu'elle faisait. Sa
vive imagination lui avait fourni
cent sujets de danses macabres,
quoiqu'elle n'en eût jamais entendu

parler et qu'elle n'en connût pas
le nom. La mort et le diable
jouaient tous les rôles, tous les
personnages possibles dans ses compositions terribles et burlesques. Et
puis c'étaient des scènes d'intérieur,
des caricatures frappantes de toutes
les religieuses, de toutes les pensionnaires, des servantes, des maîtres d'a-
grément, des professeurs, des visi-
teurs, des prêtres, etc. Elle était le
chroniqueur fidèle et éternellement
fécond de tous les petits événements,
de toutes les mystifications, de toutes
les paniques, de toutes les batailles,
de tous les amusements et de tous
les ennuis de notre vie monastique.
Le drame incessant de mademoiselle
D*** avec Mary Eyre lui fournis-

sait chaque jour vingt pages plus
vraies, plus piteuses, plus drôles
les unes que les autres. Enfin on
ne pouvait pas plus se lasser de la
voir inventer qu'elle ne se lassait
d'inventer elle-même. Comme elle
créait ainsi à la dérobée, à toute
heure, pendant les leçons, sous
l'œil même de nos argus, elle n'a-
vait souvent que le temps de déchirer la page, de la rouler dans
ses mains et de la jeter par la fenêtre ou dans le feu, pour échapper à une saisie qui eût amené de
vives réprimandes ou de sévères
punitions. Combien le poéle de la
petite classe n'a-t-il pas dévoré de
ses chefs-d'œuvre inconnus! Je ne
sais si l'imagination rétrospective

ne m'en exagère pas le mérite,
mais il me semble que toutes ces
créations sacrifiées aussitôt que pro-
duites sont fort regrettables, et
qu'elles eussent surpris et intéressé
un véritable maître.

Sophie était l'amie de cœur d'Isabelle. C'était une des plus jolies,
et la plus gracieuse personne du
couvent. Sa taille souple, fine et
arrondie en même temps, avait
des poses d'une langueur britannique, moins la gaucherie habituelle à ces insulaires. Elle avait le
cou rond, fort et allongé, avec une
petite tête dont les mouvements
onduleux étaient pleins de charmes :
les plus beaux yeux du monde, le

front droit, court et obstiné, inondé
d'une forêt de cheveux bruns et
brillants; son nez était vilain et ne
réussissait pas à gâter sa figure ra-
vissante d'ailleurs. Elle avait une
bouche, chose rare chez les Anglaises, une bouche de rose bien
littéralement remplie de petites per-
les, une fraîcheur admirable, la peau
veloutée, très-blanche pour une
peau brune. Enfin on l'appelait le
bijou. Elle était bonne et sentimen-
tale, exaltée dans ses amitiés, im-
placable dans ses aversions, mais
ne les manifestant que par un muet
et invincible dédain. Elle était adorée d'un grand nombre et ne dai-
gnait aimer que peu d'élues. Je me
pris pour elle et pour Isabelle

d'une grande tendresse qui me fut
rendue avec plus de protection que
d'élan. C'était dans l'ordre. J'étais
un enfant pour elles.

Quand nous fûmes réunies dans
le cloître, je vis que toutes étaient
armées, qui d'une bûche, qui d'une
pincette. Je n'avais rien, j'eus l'au-
dace de rentrer dans la classe, de
m'emparer d'une barre de fer qui
servait à attiser le poêle, et de retourner auprès de mes complices
sans être remarquée.

Alors on m'initia au grand secret, et nous partîmes pour notre
expédition.

Ce grand secret, c'était la légende

traditionnelle du couvent, une rêverie qui se transmettait d'âge en
âge et de *diable en diable* depuis
deux siècles peut-être; une fiction
romanesque qui pouvait bien avoir
eu quelque fond de réalité dans
le principe, mais qui ne reposait
certainement plus que sur le besoin
de nos imaginations. Il s'agissait de
délivrer la victime. Il y avait quelque part une prisonnière, on disait même plusieurs prisonnières,
enfermées dans un réduit impéné-
trable, soit cellule cachée et murée
dans l'épaisseur des murailles, soit
cachot situé sous les voûtes des im-
menses souterrains qui s'étendaient
sous le monastère et sous une
grande partie du quartier Saint-

Victor. Il y avait, en réalité, des
caves magnifiques, une véritable
ville souterraine dont nous n'avons
jamais vu la fin, et qui offrait plusieurs sorties mystérieuses sur divers points du vaste emplacement
du couvent. On assurait que ces
caves allaient, très-loin de là, se
relier aux excavations qui se pro-
longent sous une grande moitié de
Paris, et sous les campagnes envi-
ronnantes jusque vers Vincennes.
On disait qu'en suivant les belles
caves de notre couvent on pouvait aller rejoindre les catacombes,
les carrières, le palais des Thermes
de Julien, que sais-je? Ces souterrains étaient la clef d'un monde de
ténèbres, de terreurs, de mystères,

un immense abîme creusé sous nos
pieds, fermé de portes de fer, et dont
l'exploration était aussi périlleuse que
la descente aux enfers d'Énée ou du
Dante. C'est pour cela qu'il fallait
absolument y pénétrer en dépit
des difficultés insurmontables de
l'entreprise, et des punitions terribles qu'eût provoquées la découverte
de notre secret.

Parvenir dans les souterrains,
c'était une de ces fortunes inespé-
rées qui arrivaient une fois, deux
fois au plus dans la vie d'un
diable après des années de persé-
vérance et de contention d'esprit.
Y entrer par la porte princi-
pale, il n'y fallait pas songer. Cette

porte était située au bas d'un large escalier, à côté des cuisines, qui étaient des caves aussi, et où se tenaient toujours les sœurs converses.

Mais nous étions persuadées qu'on pouvait entrer dans les souterrains par mille autres endroits, fût-ce par les toits. Selon nous, toute porte condamnée, tout recoin obscur sous un escalier, toute muraille qui sonnait le creux, pouvait être en communication mystérieuse avec les souterrains, et nous cherchions de bonne foi cette communication jusque sous les combles.

J'avais lu avec délices, avec terreur, à Nohant, le *Château des*

Pyrénées de madame Radcliffe. Mes
compagnes avaient dans la cervelle
bien d'autres légendes écossaises et
irlandaises à faire dresser les cheveux sur la tête. Le couvent avait
aussi à foison ses histoires de dra-
mes lamentables, de revenants, de
cachettes, d'apparitions inexpliquées,
de bruits mystérieux. Tout cela, et
l'idée de découvrir enfin le formi-
dable secret de *la victime*, allumait
tellement nos folles imaginations,
que nous nous persuadions entendre des soupirs, des gémissements
partir de dessous les pavés ou
s'exhaler par les fissures des portes
et des murs.

Nous voilà donc lancées, mes

compagnes pour la centième fois,
moi pour la première, à la recherche de cette introuvable captive qui languissait on ne savait
où, mais quelque part certainement,
et que nous étions peut-être appelées à découvrir. Elle devait
être bien vieille depuis tant d'années qu'on la cherchait en vain!
Elle pouvait bien avoir deux cents
ans, mais nous n'y regardions pas
de si près. Nous la cherchions,
nous l'appelions, nous y pensions
sans cesse, nous ne désespérions
jamais.

Ce soir-là on me conduisit dans
la partie des bâtiments que j'ai
déjà esquissée, la plus ancienne,

la plus disloquée, la plus excitante
pour nos explorations. Nous nous
attachâmes à un petit couloir
bordé d'une rampe en bois et
donnant sur une cage vide et sans
issue connue. Un escalier, également
ment bordé d'une rampe, descendait à cette région ignorée; mais
une porte en chêne défendait l'entrée de l'escalier. Il fallait tourner
l'obstacle en passant d'une rampe
à l'autre, et en marchant sur la
face extérieure des balustres ver-
moulus. Au-dessous il y avait un
vide sombre dont nous ne pouvions apprécier la profondeur.
Nous n'avions qu'une petite bougie roulée (*un rat*), qui n'éclairait que les premières marches de

l'escalier mystérieux. C'était un jeu
à nous casser le cou. Isabelle y
passa la première avec la résolution
d'une héroïne, Mary avec la tran-
quillité d'un professeur de gymnas-
tique, les autres avec plus ou
moins d'adresse, mais toutes avec
bonheur.

Nous voici enfin sur cet escalier
si bien défendu. En un instant nous
sommes au bas des degrés, et, avec
plus de joie que de désappointe-
ment, nous nous trouvons dans
un espace carré situé sous la galerie, une véritable impasse. Pas de
porte, pas de fenêtre, pas de destination explicable à cette sorte
de vestibule sans issue. Pourquoi

donc un escalier pour descendre dans une impasse? pourquoi une porte solide et cadenassée pour en fermer l'escalier?

On divise en plusieurs bouts la petite bougie, et chacune examine de son côté. L'escalier est en bois. Il faut qu'une marche à secret ouvre un passage, un escalier nouveau, ou une trappe cachée. Tandis que les unes explorent l'escalier et s'essayent à en disjoindre les vieux ais, les autres tâtent le mur, y cherchent un bouton, une fente, un anneau, un de ces mille engins qui, dans les romans de Radcliffe et dans les chroniques des vieux manoirs, font mouvoir une pierre, tourner un

pan de boiserie, ouvrir une entrée
quelconque vers des régions in-
connues.

Mais, hélas, rien! le mur est
lisse et crépi en plâtre. Le carreau
rend un son mat, aucune dalle ne
se soulève, l'escalier ne recèle aucun secret. Isabelle ne se décou-
rage pas. Au plus profond de l'an-
gle qui rentre sous l'escalier, elle
déclare que la muraille sonne le
creux, on frappe, on vérifie le
fait. « C'est là, s'écrie-t-on. Il y a là
un passage muré, mais ce passage
est celui de la fameuse cachette.
Par là on descend au sépulcre
qui renferme des victimes vivantes. »
On colle l'oreille à ce mur, on

n'entend rien, mais Isabelle affirme
qu'elle entend des plaintes confuses,
des grincements de chaînes. Que
faire? « C'est tout simple, dit Mary,
il faut démolir le mur. A nous
toutes, nous pourrons bien y faire
un trou. »

Rien ne nous paraissait plus facile; nous voilà travaillant ce mur,
les unes essayant de l'enfoncer avec
leurs bûches, les autres l'écorchant
avec les pelles et les pincettes,
sans penser qu'à tourmenter ainsi
ces pauvres murailles tremblantes
nous risquions de faire écrouler
le bâtiment sur nos têtes. Nous
ne pouvions heureusement lui faire
grand mal, parce que nous ne

pouvions pas frapper sans attirer
quelqu'un par le bruit retentissant
des coups de bûche. Il fallait nous
contenter de pousser et de gratter.
Cependant nous avions réussi à en-
tamer assez notablement le plâtre,
la chaux et les pierres, quand
l'heure de la prière vint à sonner.
Nous n'avions que le temps de re-
commencer notre périlleuse esca-
lade, d'éteindre nos lumières, de
nous séparer et de regagner les
classes à tâtons. Nous remîmes au
lendemain la poursuite de l'entreprise, et rendez-vous fut pris au
même lieu. Celles qui y arriveraient
les premières n'attendraient pas
celles qu'une punition ou une sur-
veillance inusitée retarderaient. On

travaillerait à creuser le mur, chacune de son mieux. Ce serait autant de fait pour le jour suivant.
Il n'y avait pas de risque qu'on s'en
aperçût, personne ne descendant
jamais dans cette impasse abandonnée
aux souris et aux araignées.

Nous nous aidâmes les unes les
autres à faire disparaître la pous-
sière et le plâtre dont nous étions
couvertes, nous regagnâmes le cloître et nous rentrâmes dans nos
classes respectives comme on se
mettait à genoux pour la prière. Je
ne me souviens plus si nous fûmes
remarquées et punies ce soir-là.
Nous le fûmes si souvent, qu'aucun
fait de ce genre ne prend une date

particulière dans le nombre. Mais
bien souvent aussi nous pûmes pour-
suivre impunément notre œuvre.
Mademoiselle D*** tricotait, le soir,
tout en babillant et se querellant
avec Mary Eyre. La classe était
sombre, et je crois qu'elle n'avait
pas la vue bonne. Tant il y a,
qu'avec la rage de l'espionnage, elle
n'avait pas le don de la clairvoyance,
et qu'il nous était toujours facile de
nous échapper. Une fois que nous
étions *hors de classe*, où nous prendre dans ce village qu'on appelait
le couvent? Mademoiselle D*** n'avait
pas d'intérêt à faire un esclandre
et à signaler nos fréquentes escapades à la communauté. On lui eût
reproché de ne savoir pas empê-

cher ce dont elle se plaignait. Nous
étions parfaitement indifférentes au
bonnet de nuit et aux déclamations
furibondes de l'aimable personne.
La supérieure, qui était politique-
ment indulgente, ne se laissait pas
aisément persuader de nous priver
de sorties. Elle seule avait le droit
de prononcer cet arrêt suprême. La
discipline était donc fort peu rigoureuse, en dépit du méchant caractère de la surveillante.

La poursuite du grand secret, la
recherche de la cachette dura tout
l'hiver que je passai à la petite
classe. Le mur de l'impasse fut
notablement dégradé, mais nous
n'arrivâmes qu'à des traverses de

bois devant lesquelles il fallut s'arrêter. On chercha ailleurs, on
fouilla dans vingt endroits différents,
toujours sans obtenir le moindre
succès, toujours sans perdre l'espé-
rance.

Un jour nous imaginâmes de
chercher sur les toits quelque fenêtre en mansarde qui fût comme la
clef supérieure du monde souterrain
tant rêvé. Il y avait beaucoup de
ces fenêtres dont nous ne savions
pas la destination. Sous les combles
existait une petite chambre où l'on
allait étudier un des trente pianos
épars dans l'établissement. Chaque
jour on avait une heure pour cette
étude, dont fort peu d'entre nous

se souciaient. J'avais bonne envie
d'étudier pourtant, j'adorais toujours
la musique. J'avais un excellent
maître, M. Pradher. Mais je devenais bien plus artiste pour le roman
que pour la musique, car quel plus
beau poëme que le roman en action que nous poursuivions à frais
communs d'imagination, de courage
et d'émotions palpitantes?

L'heure du piano était donc tous
les jours l'heure des aventures, sans
préjudice de celles du soir. On se
donnait rendez-vous dans une de
ces chambres éparses, et de là on
partait pour le *je ne sais où, et le
comme il vous plaira* de la fantaisie.

XII.   4

Donc, de la mansarde où j'étais
censée faire des gammes, j'observai
un labyrinthe de toits, d'auvents,
d'appentis, de soupentes, le tout
couvert en tuiles moussues et orné
de cheminées éraillées, qui offrait
un vaste champ à des explorations
nouvelles. Nous voilà sur les toits;
je ne sais plus avec qui j'étais,
mais je sais que Fanelly (dont je
parlerai plus tard) conduisait la
marche. Sauter par la fenêtre ne fut
pas bien difficile. A six pieds au-
dessous de nous s'étendait une gouttière formant couture entre deux
pignons. Escalader ces pignons, en
rencontrer d'autres, sauter de pente
en pente, voyager comme les chats,
c'était plus imprudent que difficile,

et le danger nous stimulait, loin de
nous retenir.

Il y avait dans cette manie de
chercher la victime quelque chose de
profondément bête, et aussi quelque
chose d'héroïque : bête, parce qu'il
nous fallait supposer que ces religieuses dont nous adorions la
douceur et la bonté exerçaient
sur quelqu'un quelque épouvantable
torture; héroïque, parce que nous
risquions tous les jours notre vie
pour délivrer un être imaginaire,
objet des préoccupations les plus
généreuses et des entreprises les
plus chevaleresques.

Nous étions là depuis une heure,
découvrant le jardin, dominant toute

une partie des bâtiments et des
cours, et prenant bien soin de nous
blottir derrière une cheminée quand
nous apercevions le voile noir d'une
religieuse qui eût pu lever la tête et
nous voir dans les nuages, lorsque
nous nous demandâmes comment
nous reviendrions sur nos pas. La
disposition des toits nous avait per-
mis de descendre et de sauter de
haut en bas. Remonter n'était pas
aussi facile. Je crois même que sans
échelle c'était complétement impossible. Nous ne savions plus guère où
nous étions. Enfin nous reconnûmes
la fenêtre d'une pensionnaire en
chambre, Sidonie Macdonald, fille
du célèbre général. On pouvait y
atteindre en faisant un dernier saut.

Celui-là était plus périlleux que les autres. J'y mis trop de précipitation, et donnai du talon dans une croisée horizontale qui éclairait une galerie, et par laquelle je fusse tombée de trente pieds de haut dans les environs de la petite classe, si le hasard de ma maladresse ne m'eût fait dévier un peu. J'en fus quitte pour deux genoux très-écorchés sur les tuiles; mais ce ne fut point là l'objet de ma préoccupation. Mon talon avait enfoncé une partie du châssis de cette maudite fenêtre, et brisé une demi-douzaine de vitres qui tombèrent avec un fracas épouvantable à l'intérieur, tout près de l'entrée des cuisines. Aussitôt une grande rumeur s'élève parmi les

sœurs converses, et, par l'ouverture
que je viens de faire, nous enten-
dons la voix retentissante de la
sœur Thérèse qui crie aux chats et
qui accuse Whisky, le maître matou
de la mère Alippe, de se prendre
de querelle avec tous ses confrères,
et de briser toutes les vitres de la
maison. Mais la sœur Marie défendait les mœurs du chat, et la sœur
Hélène assurait qu'une cheminée venait de s'écrouler sur les toits. Ce
débat nous causa ce fou rire ner-
veux chez les petites filles, que rien
ne peut arrêter. Nous entendions
monter les escaliers, nous allions
être surprises en flagrant délit de
promenade sur les toits, et nous
ne pouvions faire un pas pour

chercher un refuge. Fanelly était
couchée tout de son long dans la
gouttière; une autre cherchait son
peigne. Quant à moi, j'étais bien
autrement empêchée. Je venais de
découvrir qu'un de mes souliers
avait quitté mon pied, qu'il avait
traversé le châssis brisé, et qu'il était
allé tomber à l'entrée des cuisines.
J'avais les genoux en sang, mais le
fou rire était si violent que je ne
pouvais articuler un mot, et que
je montrais mon pied déchaussé en
indiquant l'aventure par signes. Ce
fut une nouvelle explosion de rires,
et cependant l'alarme était donnée,
les sœurs converses approchaient.

Bientôt nous nous rassurâmes. Là

où nous étions abritées et cachées
par des toits qui surplombaient, il
n'était guère possible de nous découvrir sans monter par une échelle
à la fenêtre brisée, ou sans suivre le même chemin que nous
avions pris. C'était de quoi nous
pouvions bien défier toutes les
nonnes. Aussi, quand nous eûmes
reconnu l'avantage de notre posi-
tion, commençâmes-nous à faire entendre des miaulements homériques
afin que Whisky et sa famille fussent atteints et convaincus à notre
place. Puis nous gagnâmes la fenêtre de Sidonie, qui nous reçut
fort mal. La pauvre enfant étudiait
son piano et ne s'inquiétait pas
des hurlements félins qui frappaient

vaguement son oreille. Elle était
maladive et nerveuse, fort douce,
et incapable de comprendre le plaisir que nous pouvions trouver à
courir les toits. Quand elle nous
entendit débusquer en masse par sa
fenêtre, à laquelle, en jouant du
piano, elle tournait le dos, elle jeta
des cris perçants. Nous ne prîmes
guère le temps de la rassurer. Ses
cris allaient attirer les nonnes; nous
nous élançâmes dans sa chambre,
gagnant la porte avec précipitation,
tandis que debout, tremblante, les
yeux hagards, elle voyait défiler
cette étrange procession sans y rien
comprendre, sans pouvoir reconnaître aucune de nous, tant elle était
effarée.

En un instant nous fûmes dis-
persées : l'une remontait à la chambre haute d'où nous étions parties
et parcourait le piano à tour de
bras; une autre faisait un grand
détour pour regagner la classe.
Quant à moi, il me fallait aller à
la recherche de mon soulier, et
reprendre cette pièce de convic-
tion s'il en était temps encore. Je
parvins à ne pas rencontrer les
sœurs converses et à trouver l'entrée des cuisines libre. « *Audaces
fortuna juvat,* » me disais-je en son-
geant aux aphorismes que Deschartres m'avait enseignés. Et, en effet,
je retrouvai le soulier fortuné qui
était venu tomber dans un endroit
sombre et qui n'avait frappé les

regards de personne. Whisky seul
fut accusé. J'eus grand mal aux genoux pendant quelques jours, mais
je ne m'en vantai point, et les explorations ne furent pas ralenties.

Il me fallait bien toute cette
excitation romanesque pour lutter
contre le régime du couvent, qui
m'était fort contraire. Nous étions
assez convenablement nourries, et
c'est d'ailleurs la chose dont je me
suis toujours souciée le moins,
mais nous souffrions du froid de
la manière la plus cruelle, et l'hiver fut très-rigoureux cette année-
là. Les habitudes du lever et du
coucher m'étaient aussi nuisibles
que désagréables. J'ai toujours aimé

à veiller tard et à ne pas me lever de bonne heure. A Nohant on
m'avait laissée faire; je lisais ou
j'écrivais le soir dans ma chambre,
et on ne me forçait pas à affronter
le froid des matinées. J'ai la cir-
culation lente, et le mot *sang-froid*
peint au physique et au moral
mon organisation. Diable parmi les
diables du couvent, je ne me dé-
montais jamais, et je faisais les plus
grandes folies du monde avec un
sérieux qui réjouissait fort mes complices; mais j'étais bien réellement
paralysée par le froid, surtout
pendant la première moitié de la
journée. Le dortoir, situé sous le
toit en mansarde, était si glacial
que je ne m'endormais pas et que

j'entendais tristement sonner toutes
les heures de la nuit. A six heures, les deux servantes Marie-Josèphe
et Marie-Anne venaient nous éveil-
ler impitoyablement. Se lever et
s'habiller à la lumière m'a toujours
paru fort triste. On se lavait
dans de l'eau dont il fallait briser
la glace et qui ne lavait pas. On
avait des engelures, les pieds enflés
saignaient dans les souliers trop
étroits. On allait à la messe à la
lueur des cierges, on grelottait sur
son banc, ou on dormait à genoux
dans l'attitude du recueillement. A
sept heures, on déjeunait d'un
morceau de pain et d'une tasse de
thé. On voyait enfin, en entrant en
classe, poindre un peu de clarté

dans le ciel et un peu de feu dans
le poêle. Moi, je ne dégelais que
vers midi, j'avais des rhumes épou-
vantables, des douleurs aiguës dans
tous les membres; j'en ai souffert
après pendant quinze ans.

Mais Marý ne pouvait supporter
la plainte; forte comme un garçon, elle raillait impitoyablement
quiconque n'était pas stoïque. Elle
me rendit ce service de me
rendre impitoyable à moi-même.
J'y eus quelque mérite, car je souffrais plus que personne, et l'air de
Paris me tuait déjà.

Jaune, apathique et muette, je
paraissais en classe la personne la

plus calme et la plus soumise. Jamais je n'eus avec la féroce D*** qu'une seule altercation que je raconterai plus tard. Je n'étais point *répondeuse*, je ne connaissais pas la colère, je ne me souviens pas d'en avoir eu la plus légère velléité pendant les trois ans que j'ai passés au couvent. Grâce à ce caractère, je n'y ai jamais eu qu'une seule ennemie, et je n'y ai par conséquent ressenti qu'une seule antipathie, c'est pour cela que j'ai gardé une sorte de rancune à cette D*** qui m'a fait connaître là le sentiment le plus opposé à mon organisation. J'ai toujours été aimée, même dans mon temps de pire diablerie, des compagnes les

plus maussades et des maîtresses
ou des nonnes les plus exigeantes.
La supérieure disait à ma grand'-
mère que j'étais une *eau qui dort.*
Paris avait glacé en moi cette
fièvre de mouvement que j'avais
subie à Nohant. Tout cela ne
m'empêchait pas de courir sur les
toits au mois de décembre, et de
passer des soirées entières nu-
tête dans le jardin en plein hiver;
car, dans le jardin aussi, nous
cherchions le grand secret, et nous
y descendions par les fenêtres
quand les portes étaient fermées.
C'est qu'à ces heures-là nous vivions
par le cerveau, et je ne m'apercevais plus que j'eusse un corps
malade à porter.

Avec tout cela, avec ma figure
pâle et mon air transi, dont Isabelle faisait les plus plaisantes caricatures, j'étais gaie intérieurement.
Je riais fort peu, mais le rire
des autres me réjouissait les oreilles
et le cœur. Une extravagance ne
me faisait pas bondir de joie, mais
je la couronnais gravement par
une pire extravagance, et j'avais
plus de succès que personne auprès des bêtes, qui ne me haïssaient
pas et qui surtout se fiaient à ma
générosité.

Par exemple, il arrivait souvent
que toute la classe fût punie pour
le méfait d'un diable ou pour la
maladresse d'une bête. Les bêtes ne

voulaient pas se trahir entre elles;
mais elles eussent trahi les diables
si elles l'eussent osé; seulement elles
n'osaient pas. Tout tremblait devant G***, et pourtant G*** était
bonne et n'employa jamais sa force
à maltraiter les faibles; mais elle
avait de l'esprit comme douze diables, et ses moqueries exaspéraient
celles qui n'y savaient pas répondre. Isabella se faisait craindre par
ses caricatures, Lavinia par ses
grands airs de mépris. Moi seule
je ne me faisais craindre par rien;
j'étais diable avec les diables, bête
avec les bêtes, le tout par laisser
aller de caractère ou par langueur
physique. Je conquis tout à fait ces
dernières en leur épargnant les

punitions collectives. Aussitôt que
la maîtresse disait : « Toute la
classe en pénitence, si je ne dé-
couvre pas la coupable, » je me
levais et je disais : « *C'est moi.* »
Mary, qui me donnait le bon
exemple en toutes choses, suivit le
mien en celle-ci, et on nous en
sut gré.

Ma bonne maman allait quitter
Paris, elle obtint de me faire sortir deux ou trois jeudis de suite.
La supérieure n'osa pas trop lui
dire que j'étais notée par toutes les
maîtresses et tous les professeurs
comme ne faisant absolument rien,
et que le *bonnet de nuit* était ma
coiffure habituelle. Ma grand'mère

5.

eût peut-être pensé alors que je
perdais mon temps et qu'il valait
mieux me reprendre avec elle. On
passa donc légèrement sur ma dissipation et mes escapades.

Je me promettais une grande joie
de ces sorties. Il n'en fut rien.
J'avais déjà pris l'habitude de la
vie en commun, habitude si douce
aux caractères mélancoliques, et
mon caractère était à fois le plus
triste et le plus enjoué de tout le
couvent : triste par la réflexion, quand
je retombais sur moi-même, avec mon
corps souffreteux et endolori, avec
le souvenir de mes chagrins de
famille; gai, quand le rire de mes
compagnes, la brusque interpellation

de ma chère Mary, la plaisanterie ori-
ginale de ma romanesque Isabelle,
venaient m'arracher au sentiment
de ma propre existence et me com-
muniquer la vie qui était dans les
autres.

Chez ma bonne maman, tout
mon passé amer, tout mon présent
tourmenté, tout mon avenir incer-
tain me revenaient. On s'occupait
trop de moi, on me questionnait,
on me trouvait changée, alourdie,
distraite. Quand la nuit était venue,
on me reconduisait au couvent. Ce
passage du petit salon chaud, par-
fumé, éclairé de ma grand'mère,
au cloître obscur, vide et glacé; des
tendres caresses de la bonne maman,

de la petite mère et du grand oncle, au bonsoir froid et rechigné
des portiers et des tourières me
navrait le cœur un instant. Je fris-
sonnais en traversant seule ces galeries pavées de tombeaux : mais au
bout du cloître déjà la suavité de
la retraite se faisait sentir. La madone de Vanloo avait l'air de sourire
pour moi. Je n'étais pas dévote envers elle, mais déjà sa petite lampe
bleuâtre me jetait dans une rêverie
vague et douce. Je laissais derrière
moi un monde d'émotions trop
fortes pour mon âge, et d'exigences
de sentiment qu'on ne m'avait pas
assez ménagées. J'entendais la voix
de Mary m'appeler avec impatience. Les *petites bêtes* venaient

curieusement s'enquérir de ce que
j'avais vu dans la journée. « Comme
c'est triste de rentrer ! » me disait-on. Je ne répondais pas. Je
ne pouvais expliquer pourquoi j'a-
vais cette bizarrerie de me trouver
mieux au couvent que dans ma
famille.

A la veille du départ de ma
grand'mère, un grand orage se
forma contre moi dans les conseils
de la supérieure. J'aimais à écrire
autant que j'aimais peu à parler,
et je m'amusais à faire de nos
espiègleries et des rigueurs de la
D*** une sorte de journal satirique
que j'envoyais à ma bonne maman,
laquelle y prenait un grand diver-

tissement et ne me prêchait nullement la soumission et la cajolerie,
la dévotion encore moins. Il était
de règle que nous missions le soir
sur le bahut de l'antichambre de la
supérieure les lettres que nous vou-
lions envoyer. Celles qui n'étaient
point adressées aux parents devaient
être déposées ouvertes. Celles pour
les parents étaient cachetées; on
était censé en respecter le secret.

Il m'eût été facile d'envoyer mes
manuscrits à ma grand'mère par
une voie plus sûre, puisque ses
domestiques venaient souvent m'ap-
porter divers objets et s'informer
de ma santé; mais j'avais une confiance suprême dans la loyauté de

la supérieure. Elle avait dit devant
moi à ma grand'mère qu'elle n'ouvrait jamais les lettres adressées aux
parents. Je croyais, j'étais loyale,
j'étais tranquille. Mais le volume et
la fréquence de mes envois inquié-
tèrent *reverend mother*[1]. Elle déca-
cheta sans façon, lut mes satires et
supprima les lettres. Elle me fit
même ce bon tour trois jours de
suite sans en rien dire, afin de
bien connaître mes habitudes de
chronique moqueuse et la manière
dont la D*** nous gouvernait. Une
personne de cœur et d'intelligence
en eût fait son profit. Elle m'eût

---

[1] La révérende mère. On lui donnait ce titre
en anglais seulement.

grondée peut-être, mais elle eût
congédié la D***. Il est vrai qu'une
personne de cœur n'eût pas tendu
un piége à la simplicité d'un enfant
et n'eût pas abusé d'un secret
qu'elle avait autorisé. La supérieure
préféra interroger mademoiselle D***,
qui, bien entendu, ne se reconnut
pas au portrait plus ressemblant
que flatté que j'avais tracé d'elle. Sa
haine, déjà allumée par mon air
calme et la douceur très-réelle de
mes manières, s'exaspéra, comme on
peut le croire. Elle me traita de
menteuse abominable, d'*esprit fort*
(c'est-à-dire impie), de délatrice, de
serpent, que sais-je! La supérieure
me manda et me fit une scène
effroyable. Je restai impassible. Elle

me promit ensuite bénignement de
ne point faire connaître mes *ca-*
lomnies à ma grand'mère et de me
garder le secret sur ces abominables
lettres. Je ne l'entendais pas ainsi. Je
sentis la duplicité de cette promesse.
Je répondis que j'avais un brouillon
de mes lettres, que ma grand'mère
l'aurait, que je soutiendrais devant
elle et devant madame la supérieure elle-même la vérité de mes
assertions, et que, puisqu'il n'y avait
pas de sûreté dans les relations auxquelles je m'étais confiée, je de-
manderais à changer de couvent.

La supérieure n'était pas une méchante femme; mais quoi qu'on en

pensât, je n'ai jamais senti qu'elle
fût une très-bonne femme. Elle m'ordonna de sortir de sa présence
en m'accablant de menaces et d'injures. C'était une personne du grand
monde et elle savait au besoin
prendre des manières royales; mais
elle avait fort mauvais ton quand
elle était en colère. Peut-être ne
savait-elle pas bien la valeur de ses
expressions en français, et je ne
savais pas encore assez d'anglais
pour qu'elle me parlât dans sa
langue. Mademoiselle D*** avait la
tête baissée, l'œil fermé dans l'attitude extatique d'une sainte qui entend la voix de Dieu même. Elle
se donnait des airs de pitié pour
moi et de silence miséricordieux.

Une heure après, au réfectoire, la
supérieure entra suivie de quelques
nonnes qui lui faisaient cortége;
elle parcourut les tables comme
pour faire une inspection; puis,
s'arrêtant devant moi et roulant
ses gros yeux noirs, qui étaient fort
beaux, elle me dit d'une voix solennelle : « *Étudiez la vérité!* » — Les
sages pâlirent et firent le signe de
la croix. Les bêtes chuchotèrent
en me regardant. On vint ensuite
m'accabler de questions. « Tout cela
signifie, répondis-je, que dans trois
jours je ne serai plus ici. »

J'étais outrée; mais j'avais un
violent chagrin. Je ne désirais nulle-

ment changer de couvent. J'avais
déjà formé des affections que je
souffrais de voir sitôt brisées. Ma
grand'mère arriva sur ces entre-
faites. La supérieure s'enferma avec
elle, et, prévoyant que je dirais tout,
elle prit le parti de remettre mes
lettres et de les présenter comme un
tissu de mensonges. Je crois qu'elle
eut le dessous et que ma grand'mère
blâma énergiquement l'abus de confiance qu'on était forcé de lui révéler.
Je crois qu'elle prit ma défense et
parla de me remmener sur-le-champ.
Je ne sais ce qui se passa entre
elles, mais quand on me fit monter dans le parloir de la supérieure,
toutes deux essayaient de se composer un maintien grave, et toutes

deux étaient fort animées. — Ma
grand'mère m'embrassa comme à
l'ordinaire, et pas un mot de reproche ne me fut adressé, si ce
n'est sur ma dissipation et le temps
perdu à des enfantillages. Puis la
supérieure m'annonça que j'allais
quitter la petite classe où mon intimité avec Mary portait le désordre,
et que j'entrerais immédiatement
parmi les grandes. Cette bonne
nouvelle, qui, en définitive, faisait
aboutir toutes les menaces à une
notable amélioration dans mon sort,
me fut signifiée pourtant d'un ton
sévère. On espérait que, n'ayant
plus de relations avec mademoiselle D***, je renoncerais à mes habitudes de satire contre elle, que

je romprais mes habitudes de diablerie avec la terrible Mary, et
que cette séparation serait profi-
table à l'une comme à l'autre.

Je répondis que je consentais de
bon cœur à ne jamais m'occuper
de mademoiselle D***, mais je ne
voulus jamais promettre de ne plus
aimer Mary. La force des choses
devait suffire à nous séparer, puisque nous n'aurions plus que l'heure
des récréations au jardin pour nous
voir. Ma grand'mère, satisfaite du
résultat de cette affaire, partit
pour Nohant. Je passai à la grande
classe, où m'avaient précédée Isabelle et Sophie. Je jurai à Mary

de rester son amie à la vie et à
la mort; mais je n'en avais pas
fini avec la terrible D***, comme
on va bientôt le voir.

CHAPITRE DOUZIÈME.

Je ne quitterai pas la petite classe sans parler de deux pensionnaires que j'y ai beaucoup aimées, bien qu'elles ne fussent point classées parmi les diables. Elles ne l'étaient pas non plus parmi les sages, encore moins parmi les bê-

tes, car c'étaient deux intelligences
fort remarquables. Je les ai déjà
nommées : c'était Valentine de Gouy
et Louise de la Rochejaquelein.

Valentine était une enfant, elle
n'avait guère que neuf ou dix ans,
si j'ai bonne mémoire; et comme
elle était petite et délicate, elle ne
paraissait guère plus âgée que
Mary Eyre et Helen Kelly, les
deux *mioches* de la petite classe à
cette époque. Mais cette enfant était
grandement supérieure à son âge,
et on pouvait autant se plaire
avec elle qu'avec Isabelle ou Sophie. Elle apprenait toutes choses
avec une facilité merveilleuse. Elle
était déjà aussi avancée dans toutes

ses études que les grandes. Elle
avait un esprit charmant, beaucoup
de franchise et de bonté. Mon lit
était auprès du sien au dortoir, et
j'aimais à la soigner comme si elle
eût été ma fille. J'avais de l'autre
côté une petite Suzanne, sœur de
Sophie, qu'il me fallait soigner
encore plus, car elle était conti-
nuellement malade.

L'autre affection que je laissais à
la petite classe, mais qui ne tarda
pas à me rejoindre à la grande,
Louise, était fille de la marquise de
la Rochejaquelein, veuve de M. de
Lescure, la même qui a laissé des
mémoires intéressants sur la première Vendée. Je crois que le per-

sonnage politique [1] qui représente
à l'Assemblée nationale une nuance
de parti royaliste à idées plus chevaleresques que rassurantes est le
frère de cette Louise. Leur mère a
été certainement une héroïne de
roman historique. Ce roman vrai,
raconté par elle, offre des narrations
très-dramatiques, très-bien senties
et très-touchantes. La situation de
la France et de l'Europe m'y semble complétement méconnue; mais,
le point de vue royaliste accepté,
il est impossible de mieux juger
son propre parti, de mieux pein-
dre le fort et le faible, le bon
et le mauvais côté des divers élé-

[1] 1848.

ments de la lutte. Ce livre est
d'une femme de cœur et d'esprit.
Il restera parmi les documents les
plus colorés et les plus utiles de
l'époque révolutionnaire. L'histoire
a déjà fait justice des erreurs de
fait et des naïves exagérations de
l'esprit de parti qui ne peuvent
pas ne point s'y trouver; mais elle
fera son profit des curieuses révé-
lations d'un jugement droit et d'un
esprit sincère qui signalent les
causes de mort de la monarchie,
tout en se dévouant avec héroïsme
à cette monarchie expirante.

Louise avait le cœur et l'esprit
de sa mère, le courage et un peu

de l'intolérance politique des vieux
chouans, beaucoup de la grandeur
et de la poésie des paysans belli-
queux au milieu desquels elle avait
été élevée. J'avais déjà lu le livre
de la marquise, qui était récemment
publié. Je ne partageais pas ses
opinions; mais je ne les combattais
jamais, je sentais le respect que je
devais à la religion de sa famille,
et ses récits animés, ses peintures
charmantes des mœurs et des as-
pects du Bocage m'intéressaient vivement. Quelques années plus tard
j'ai été une fois chez elle, et j'ai
vu sa mère.

Comme cet intérieur m'a beau-

coup frappée, je raconterai ici cette
visite, que j'oublierais certainement
si je la remettais à être rapportée
en son lieu.

Je ne me rappelle plus où était
située la maison. C'était un grand
hôtel du faubourg Saint – Germain.
J'arrivai modestement en fiacre, selon mes moyens et mes habitudes,
et je fis arrêter devant la porte, qui
ne s'ouvrait pas pour de si minces
équipages. Le portier, qui était un
vieux poudré de bonne maison, voulut m'arrêter au passage. « Pardon, lui
dis-je, je vais chez madame de la Rochejaquelein. — Vous? dit-il en me
toisant d'un air de mépris, appa-

remment parce que j'étais en manteau et en chapeau sans fleurs ni
dentelles. Allons, entrez! » Et il
leva les épaules comme pour dire :
« Ces gens-là reçoivent tout le
monde ! »

J'essayai de pousser la porte derrière moi. Elle était si lourde, que
je n'en vins pas à bout avec les
doigts. Je ne voulais pas salir mes
gants, je n'insistai donc pas; mais
comme j'avais déjà monté les premières marches de l'escalier, ce
vieux cerbère courut après moi.
« Et votre porte? me cria-t-il. —
Quelle porte? — Celle de la rue!
— Ah, pardon! lui dis-je en riant,

c'est votre porte et non pas la mienne. » Il s'en alla la fermer en grommelant, et je me demandai si j'allais être aussi mal reçue par les illustres laquais de ma compagne d'enfance. En trouvant beaucoup de ces messieurs dans l'antichambre, je vis qu'il y avait du monde, et je fis demander Louise. Je n'étais à Paris que pour deux ou trois jours; je désirais répondre au désir qu'elle m'avait témoigné de m'embrasser, et je ne voulais que causer quelques minutes avec elle. Elle vint me chercher, et m'entraîna au salon avec la même gaieté et la même cordialité qu'autrefois. Du côté où elle me fit asseoir auprès d'elle, il n'y avait que des jeunes personnes,

ses sœurs ou ses amies. De l'autre,
les gens graves autour du fauteuil
de sa mère, qui était un peu isolé
en avant.

Je fus très-désappointée de trouver dans l'héroïne de la Vendée
une grosse femme très-rouge et
d'une apparence assez vulgaire. A
sa droite, un paysan vendéen se
tenait debout. Il était venu de son
village pour la voir ou pour voir
Paris, et il avait dîné avec la famille. Sans doute c'était un homme
bien pensant, et peut-être un héros
de la dernière Vendée. Il ne me
parut point d'âge à dater de la première, et Louise, que j'interrogeai,

me dit simplement : « C'est un
brave homme de chez nous. »

Il était vêtu d'un gros pantalon
et d'une veste ronde. Il portait une
sorte d'écharpe blanche au bras, et
une vieille rapière lui battait les
jambes. Il ressemblait à un garde
champêtre un jour de procession. Il
y avait loin de là aux partisans demi-
pasteurs, demi-brigands que j'avais
rêvés, et ce bon homme avait une
manière de dire *Madame la marquise* qui m'était nauséabonde. Pourtant la marquise, presque aveugle
alors, me plut par son grand air
de bonté et de simplicité. Il y avait
autour d'elle de belles dames parées

pour le bal, qui lui rendaient de
grands hommages et qui, certes,
n'avaient pas pour ses cheveux
blancs et ses yeux bleus à demi
éteints autant de vénération que
mon cœur naïf était disposé à lui
en accorder; secret hommage d'autant plus appréciable que je n'étais
alors ni dévote ni royaliste.

Je l'écoutai causer, elle avait plus
de naturel que d'esprit, du moins
dans ce moment-là. Le paysan, en
prenant congé, reçut d'elle une poignée de main, et mit son chapeau sur sa tête avant d'être sorti
du salon, ce qui ne fit rire personne. Louise et ses sœurs étaient

aussi simplement mises qu'elles
étaient simples dans leurs manières.
Cette simplicité allait même jusqu'à
la brusquerie. Elles ne faisaient pas
de petits ouvrages, elles avaient des
quenouilles et affectaient de filer du
chanvre, à la manière des paysannes.
Je ne demandais pas mieux que de
trouver tout cela charmant, et cela
eût pu l'être.

Chez Louise, j'en suis certaine,
tout était naïf et spontané; mais le
cadre où je la voyais ainsi jouer à
la châtelaine de Vendée ne se ma-
riait point avec ces allures de fille
des champs. Un beau salon très-
éclairé, une galerie de patriciennes

élégantes et de *ladies* compassées,
une antichambre remplie de laquais,
un portier qui insultait presque les
gens en fiacre, cela manquait d'harmonie, et on y sentait trop l'im-
possibilité d'un hymen public et
légitime entre le peuple et la noblesse.

Cette pensée d'hyménée me rappelle une des plus étranges et des
plus significatives aventures de la
vie de madame de la Rochejaquelein. Elle était alors veuve de M. de
Lescure, encore enceinte de deux
jumelles qu'elle devait perdre peu
de jours après leur naissance. Ré-
fugiée en Bretagne, au hameau de
la Minaye, chez de pauvres paysans

fidèles au malheur, traquée par les
bleus, livrée à de continuelles aler-
tes, gardant les troupeaux sous le
nom de Jeannette, couchant souvent dans les bois avec sa mère
(une femme héroïque que l'on adore
en lisant ces mémoires), fuyant, par
le vent et la pluie, pour se cacher
dans quelque sillon ou dans quelque fossé, tandis que les patriotes
fouillaient les maisons où elles
avaient reçu asile : madame de la
Rochejaquelein avait failli épouser
un paysan breton. Voici comme
elle raconte elle-même cet épisode.

« ..... Ma mère voulut, pour plus
de précautions, user d'une ressource

7.

fort singulière. Deux paysannes ven-
déennes avait épousé des Bretons,
et depuis ce temps-là, on ne les
inquiétait plus. Ma mère, qui cherchait à m'assurer un repos complet pendant mes couches, ne trouva
pas de meilleur moyen. Elle jeta
les yeux sur Pierre Riallo. C'était
un vieux homme veuf qui avait
cinq enfants : mais il fallait avoir
un acte de naissance. La Ferret
avait une sœur qui était allée autrefois s'établir de l'autre côté de
la Loire avec sa fille. On envoya
Riallo chercher les actes de naissance dans le pays de la Ferret.
Tout allait s'arranger : l'officier mu-
nicipal était prévenu et nous avait
promis de déchirer la feuille du

registre quand nous le voudrions.
On devait prier les bleus au repas
de la noce; mais l'exécution de ce
projet fut suspendue par des alar-
mes très-vives qu'on nous donna.
On nous dit que nous avions été
dénoncées et que nous étions par-
ticulièrement recherchées. Nous chan-
geâmes de demeure, et même nous
nous séparâmes, etc. »

Quelques semaines plus tard, madame de Lescure et sa mère, chan-
geant d'asile, se séparèrent de
Pierre Riallo qui les avait conduites
à leur nouveau refuge. « Cet excel-
» lent homme, dit-elle, nous quitta
» en pleurant. Il ôta de son doigt
» une bague d'argent comme en

» portent les paysannes bretonnes,
» et me la donna. Jamais je n'ai
» cessé de la porter depuis. »

Ainsi la veuve de M. de Lescure,
celle qui devait être la marquise de
la Rochejaquelein, avait été en quelque sorte la fiancée de Pierre
Riallo. Rien de plus austère certainement que ces fiançailles en
présence de la mort, rien de plus
chaste que l'affection du vieux
paysan et la gratitude de la jeune
marquise; mais que fût-il arrivé si
le mariage eût été conclu, et que
Pierre Riallo se fût refusé à la
suppression frauduleuse de l'acte
civil? Certes, la noble Jeannette fût
morte plutôt que de consentir à

ratifier cette mésalliance monstrueuse.
On était bien alors, par le fait,
l'égale, moins que l'égale du pauvre
paysan breton. On était une pauvre *brigande*, bien heureuse de recevoir cette généreuse hospitalité et
cette magnanime protection. Sous la
Restauration, on ne l'avait pas oublié sans doute. On recevait dans
son salon le premier paysan venu,
pourvu qu'il eût au coude le bras-
sard sans tache. On filait la que-
nouille des bergères, on avait de
touchants et affectueux souvenirs;
mais on n'en était pas moins madame la marquise, et cette fausse
égalité ne pouvait pas tromper le
paysan. Si le fils de Pierre Riallo
se fût présenté pour épouser Louise

ou Laurence de la Rochejaquelein,
on l'aurait considéré comme fou.
Le *fils des croisés*, M. de la Rochejaquelein, aujourd'hui orateur politique, ne serait pas volontiers le
beau-frère de quelque laboureur
armoricain. Eh bien! Pierre Riallo,
c'est bien là réellement comme un
symbole pour personnifier le peuple vis-à-vis de la noblesse. On se
fie à lui, on accepte ses sublimes
dévouements, ses suprêmes sacrifi-
ces, on lui tend la main. On se
fiancerait volontiers à lui aux jours
du danger, mais on lui refuse, au
nom de la religion monarchique et
catholique, le droit de vivre en
travaillant, le droit de s'instruire,
le droit d'être l'égal de tout le

monde; en un mot, la véritable
union morale des castes, on frémit
à l'idée seule de la ratifier.

Je pensais déjà un peu à tout
cela en quittant le salon de madame de la Rochejaquelein, et, bien
certaine que tout ce que j'avais vu
n'était pas une comédie, sachant
bien que Louise et sa famille avaient
la mémoire du cœur, je me disais
pourtant que, par la force des
choses, ce que j'avais vu n'était
qu'une charmante petite parade de
salon.

Avant de clore cette digression,
on me permettra de faire remar-

quer l'espèce d'analogie qui existe
entre l'aventure de la marquise
chez Pierre Riallo et les idées que
ma mère avait encore en 1804 sur
le mariage civil. En 1804, ma mère
ne se croyait pas mariée avec mon
père parce qu'elle n'était mariée
qu'à la municipalité. En 93, madame de la Rochejaquelein ne se
fût pas crue mariée avec Pierre
Riallo parce que l'officier munici-
pal promettait de déchirer l'acte. Ce
peu de respect pour une formalité
purement civile marque bien la
transition d'une législation à une
autre, et la transformation de la
société.

Je quitte mon épisode anticipé

qui date de 1824 ou 1825, 1826
peut-être, et je reviens sur mes pas.
Je rentre au couvent, où Louise,
avec sa vive intelligence, son noble
cœur et son aimable caractère, ne
faisait naître en moi aucune des
réflexions que j'eus lieu de faire
plus tard sans cesser de l'aimer. Je
l'ai perdue de vue depuis longtemps.
J'ignore qui elle a épousé, j'ignore
même si elle vit, tant je suis peu *du
monde*, tant j'ai franchi de choses qui
me séparent du passé et m'ont fait
perdre jusqu'à la trace de mes
premières relations. Si elle existe,
si elle se souvient de moi, si elle
sait que George Sand est la même
personne qu'Aurore Dupin, elle
doit soupirer, détourner les yeux

et nier même qu'elle m'ait aimée.
Je sais l'effet des opinions et des
préjugés sur les âmes les plus généreuses, et je ne m'en étonne ni ne
m'en scandalise. Moi, tranquille dans
ma conscience d'aujourd'hui, comme
j'étais tranquille et *eau dormante*
dans ma diablerie d'il y a trente
ans, je l'aime encore, cette Louise;
j'aime encore les royalistes, les dévotes, les nonnes mêmes que j'ai aimées, et qui aujourd'hui ne pronon-
cent mon nom, j'en suis sûre, qu'en
faisant de grands signes de croix.
Je ne désire pas les revoir, je sais
qu'elles me prêcheraient ce qu'elles
appelleraient le retour à la vérité.
Je sais que je serais forcée de leur
causer le chagrin d'échouer dans

leurs pieux desseins. Il vaut donc
mieux ne pas se revoir que de se
revoir avec une cuirasse sur le
cœur : mais mon cœur n'est pas
mort pour cela. Il a toujours de
doux élans vers ses premières ten-
dresses. Ma religion, à moi, ne con-
damne pas à l'enfer éternel les
adversaires de ma croyance. C'est
pourquoi je parlerai de mes amies
de couvent sans me soucier de ce
que l'esprit de caste et de parti en
a fait depuis. Je parlerai de celles
qui ont dû me renier, avec le
même enthousiasme, la même ef-
fusion que de celles qui m'ont gardé
un souvenir inaltérable. Je les vois
encore telles qu'elles étaient, et je
ne veux pas savoir ce qu'elles sont.

Je les vois pures et suaves comme
le matin de la vie où nous nous
sommes connues. Les grands marronniers du couvent m'apparaissent
comme ces Champs-Élyséens où se
rencontraient des âmes venues de
tous les points de l'univers, et où
elles faisaient échange de douces et
calmes sympathies, sans prendre
garde aux mondaines agitations, aux
puériles dissidences de ce bas
monde.

On me pardonnera bien de tra-
cer ici une courte liste des compagnes que je laissais à la petite
classe; je ne me les rappelle pas
toutes, mais j'ai du plaisir à retrouver une partie de leurs noms

dans ma mémoire. C'était, outre
celles que j'ai déjà citées, les trois
Kelly (Mary, Helen et Henriette);
les deux O'Mullan, créoles jaunes
et douces; les deux Cary, Fanny
et Suzanne, sœurs de Sophie; Lucy
Masterson, Catherine et Maria
Dormer; Maria Gardon, une délicate et maladive enfant, douce et
intelligente, qui a épousé un Français, et qui est devenue une excellente mère de famille, une
femme distinguée sous tous les rap-
ports; — Louise Rollet, fille d'un
maître de forges du Berry; Lavinia
Anster; Camille de le Josne-Contay,
personne roide et grave comme
une huguenote des anciens jours,
(très-catholique pourtant); Eugénie

de Castella, demi-diable très-excel-
lent d'ailleurs, avec qui j'étais assez liée; une des trois Defargues,
filles d'un maire de Lyon; Henriette Manoury, qui venait, je
crois, du Havre; enfin Héléna
de ***, enfant un peu persécutée,
un peu opprimée, par sa faute
peut-être, mais qui m'inspirait de
la sollicitude par cette raison qu'elle
était souvent victime de la *diablerie*.

Elle m'aimait quelquefois trop.
C'était une nature inquiète et tour-
mentante. Il fallait lui faire tous
ses devoirs, se charger de toutes
ses corvées, voire de lui écrire sa
confession, ce qui ne se faisait pas

toujours très-sérieusement, je l'avoue.
Je la protégeais contre Mary, qui
ne pouvait pas la tolérer. Je lui
ai épargné bien des punitions, je
l'ai sauvée de bien des orages, et
je doute qu'elle en ait gardé la
mémoire. Elle tirait une grande
vanité de son nom, et on lui en
savait mauvais gré, même celles
qui en portaient de plus illustres,
car il faut rendre à la plupart
d'entre nous cette justice, que nous
pratiquions de tous points l'égalité
chrétienne, et que nous n'avions
même pas la pensée de nous croire
plus ou moins les unes que les
autres.

C'est cette Héléna de *** qui

XII.   8

m'avait du reste gratifiée d'un so-
briquet que j'ai porté plus par-
ticulièrement que les autres ; car,
comme toutes mes compagnes, j'en
avais plusieurs. Héléna m'avait nom-
mée *Calepin*, parce que j'avais la
manie des tablettes de poche ; la
sœur Thérèse m'avait surnommée
Madcap et *Mischievous* ; à la grande
classe, je devins *ma Tante*, et *le
marquis de Sainte-Lucie*.

J'ai eu l'amusement de conserver
mes livres élémentaires de la petite classe, le *Spelling book*, *the
Garden of the soul* (*le Jardin de
l'âme*), etc. Ils sont chargés de de-
vises, de rébus, et ce qui me ré-
jouit le plus, de conversations dia-

loguées qu'on s'écrivait durant les heures de silence, car le *silence général* était une punition fort usitée. La couverture du premier livre venu passant de main en main sous la table devenait une causerie générale. On avait aussi des lettres en carton qu'on se faisait passer au moyen d'un long fil, d'un bout de la classe à l'autre. On formait rapidement des mots, et celle qui était séquestrée dans un coin, séparée des autres par une punition particulière, était avertie de tout ce que l'on complotait. En fait de confessions écrites, d'examens de conscience qu'on faisait pour les petites, je retrouve un griffonnage qui est un spécimen;

8.

je ne sais qui l'a fait ni à qui
il était destiné.

« *Confession de* . . . . .

« Hélas, mon petit père Villèle [1],
il m'est arrivé bien souvent de me
barbouiller d'encre, de moucher la
chandelle avec mes doigts, de me
donner des indigestions *d'haricots*,
comme on dit dans le grand monde
où j'ai été z'élevée; j'ai scandalisé les
jeunes *ladies* de la classe par ma
malpropreté; j'ai eu l'air bête, et
j'ai oublié de penser à quoi que

[1] C'était le confesseur d'une partie des pensionnaires et des religieuses. Ce n'était pas le
mien. Cet abbé de Villèle, frère du ministre, a
été depuis archevêque de Bourges.

ce soit, plus de deux cents fois
par jour. J'ai dormi au catéchisme
et j'ai ronflé à la messe; j'ai dit
que vous n'étiez pas beau; j'ai
fait égoutter *mon rat* sur le voile
de la mère Alippe, et je l'ai fait
exprès. J'ai fait cette semaine au
moins quinze pataquès en français
et trente en anglais, j'ai brûlé mes
souliers au poêle et j'ai infecté
la classe. C'est ma faute, c'est
ma faute, c'est ma très-grande
faute, etc. »

On voit combien nos méchan-
cetés et nos impiétés étaient innocentes. Elles étaient pourtant sévèrement tancées et punies quand
mademoiselle D*** mettait la main

sur ces écrits, qu'elle appelait li-
cencieux et dangereux. La mère
Alippe faisait semblant de se fâcher, punissait un peu, confisquait,
et, j'en suis sûre, amusait l'ouvroir
avec nos sottises.

Que chacun se rappelle comme il
a ri de bon cœur, dans l'enfance,
de choses qui, par elles-mêmes, n'é-
taient peut-être pas drôles du tout.
Il n'en faut pas beaucoup pour les
petites filles. Tout nous était sujet
d'inextinguible risée : un nom estro-
pié, une figure ridicule au parloir,
un incident quelconque à l'église, le
miaulement d'un chat, que sais-je?
Il y avait des paniques contagieuses

comme les joies. Une petite criait
pour une araignée; aussitôt toute
la classe criait sans savoir pourquoi. Un soir, à la prière, je ne
sais ce qui se passa, personne n'a
jamais pu le dire; une de nous
crie, sa voisine se lève, une troisième se sauve, c'est aussitôt un
sauve-qui-peut général; on quitte
la classe en masse, renversant les
chaises, les bancs, les lumières, et
on s'enfuit dans le cloître en tom-
bant les unes sur les autres, entraî-
nant les maîtresses, qui ne crient
et ne courent pas moins que les
élèves. Il faut une heure pour ras-
sembler le troupeau éperdu, et
quand on veut s'expliquer, impossible d'y rien comprendre.

Malgré toute cette gaieté fébrile
de la petite classe, j'y souffrais si
réellement au moral et au physique, que j'ai conservé le souvenir
du jour où j'entrai à la grande
classe comme un des plus heureux
de ma vie.

J'ai toujours été sensible à la
privation de la vive lumière. Il
semble que toute ma vie physique
soit là. Je m'assombris inévitable-
ment dans une atmosphère terne.
La grande classe était très-vaste; il
y avait cinq ou six fenêtres, dont
plusieurs donnaient sur les jardins.
Elle était chauffée d'une bonne cheminée et d'un bon poêle. D'ailleurs
le printemps commençait. Les mar-

ronniers allaient fleurir, leurs grap-
pes rosées se dressaient comme des
candélabres. Je crus entrer dans le
paradis.

La maîtresse de classe, que l'on
tournait beaucoup en ridicule, et
qui était bien un peu étrange dans
ses manières, était une fort bonne
personne au fond, et encore plus
distraite que mademoiselle D***. On
l'appelait *la Comtesse*, parce qu'elle
se donnait de grands airs, et je lui
conserverai ce surnom. Elle avait
dans le jardin un appartement au
rez-de-chaussée, dont un potager
nous séparait, et, de sa fenêtre,
quand elle ne tenait pas la classe,
elle pouvait voir une partie de nos

escapades. Mais elle était bien plus
occupée de voir, de la classe, ce
qui se passait dans son appartement. C'est que là, à sa fenêtre,
ou devant sa porte, vivait, grattait
et piaillait au soleil, l'unique objet
de ses amours, un vieux perroquet
gris tout râpé, maussade bête, que
nous accablions de nos dédains et
de nos insultes.

Nous avions grand tort, car Jacquot eût mérité toute notre gratitude; c'était à lui que nous devions
notre liberté. C'était grâce à lui
que *la Comtesse*, incessamment préoccupée, nous laissait faire nos folies.
Perché sur son bâton, à la portée
de la vue, Jacquot, lorsqu'il s'en-

nuyait, poussait des cris perçants.
Aussitôt la Comtesse courait à la
fenêtre, et si un chat rôdait autour du perchoir, si Jacquot impa-
tienté avait brisé sa chaîne et en-
trepris un voyage d'agrément sur
les lilas voisins, la Comtesse, ou-
bliant tout, se précipitait hors de
la classe, franchissait le cloître, tra-
versait le jardin et courait gronder
ou caresser la bête adorée. Pendant ce temps, on dansait sur les
tables ou on quittait la classe pour
faire, comme Jacquot, quelque voyage
d'agrément à la cave ou au grenier.

La Comtesse était une jeune personne de quarante à cinquante ans,
demoiselle, très-bien née, on ne

pouvait l'ignorer, car elle le disait
à tout propos, sans fortune, et je
crois peu instruite, car elle ne
nous donnait aucune espèce de leçons et ne servait qu'à garder la
classe comme surveillante. Elle était
ennuyeuse et ridicule, mais bonne
et convenable. Quelques-unes de
nous l'avaient prise en grippe et
la traitaient si mal qu'elles la for-
çaient de sortir de son caractère.
Je n'ai jamais eu qu'à me louer
d'elle pour mon compte, et je me
reproche même d'avoir ri avec
les autres de sa tournure magis-
trale, de ses phrases prétentieuses,
de son grand chapeau noir qu'elle
ne quittait jamais, de son châle
vert qu'elle drapait d'une manière

si solennelle, enfin de ses *lapsus
linguæ* qui étaient relevés sans pitié
et qu'on plaçait ensuite très-haut
dans la conversation, sans qu'elle
s'en aperçût jamais. J'aurais dû plutôt prendre son parti, puisqu'elle
prenait souvent le mien auprès des
religieuses. Mais les enfants sont in-
grats (*cet âge est sans pitié!*) et la
moquerie leur semble un droit ina-
liénable.

La seconde surveillante était une
religieuse fort sévère, madame Anne-
Françoise. Cette vieille, maigre et
pâle, avait un énorme nez aquilin.
Elle grondait beaucoup, injuriait
trop, et n'était pas aimée. Je n'a-
vais rien pour elle, ni éloignement

ni sympathie. Elle ne me traitait ni
bien ni mal. Je ne lui ai jamais
vu de préférence pour personne, et
on la soupçonnait d'être *philosophe*,
parce qu'elle s'occupait d'astronomie.
Elle avait effectivement une manière
d'être fort différente des autres
nonnes. Au lieu de communier
comme elles tous les jours, elle ne
s'approchait des sacrements qu'aux
grandes fêtes de l'année. Ses sermons n'avaient point d'onction. C'é-
taient toujours des menaces, et dans
un si mauvais français, qu'on ne
pouvait les écouter sérieusement.
Elle punissait beaucoup, et quand,
par hasard, elle voulait plaisanter,
elle était blessante et peu convenable. Sa figure accentuée ne man-

quait pas de caractère. Elle avait l'air
d'un vieux dominicain, et pourtant
elle n'était pas fanatique, pas même
dévote pour une religieuse.

La maîtresse en chef de la petite
classe était madame Eugénie, *Maria-
Eugenia Stonor*. C'était une grande
femme, d'une belle taille, d'un port
noble, gracieux même dans sa so-
lennité. Sa figure, rose et ridée
comme celle de presque toutes les
nonnes sur le retour, avait pu être
jolie, mais elle avait une expression de hauteur et de moquerie qui
éloignait d'elle au premier abord.
Elle était plus que sévère, elle était
emportée, et se laissait aller à des
antipathies personnelles qui lui fai-

saient beaucoup d'ennemies irrécon-
ciliables. Elle n'était affectueuse avec
personne, et je ne connais qu'une
seule pensionnaire qui l'ait aimée :
c'est moi.

Cette affection, que je ne pus
m'empêcher de manifester pour le
féroce abat-jour (on l'appelait ainsi,
parce qu'elle avait la vue délicate
et portait un garde-vue en taffetas
vert), étonna toute la grande classe.
Voici comment elle me vint.

Trois jours après mon entrée à
cette classe, je rencontrai mademoiselle D*** à la porte du jardin. Elle
me fit des yeux terribles; je la re-
gardai très en face et avec ma tran-

quillité habituelle. Elle avait eu un
dessous dans mon admission à la
grande classe, elle était furieuse.
« Vous voilà bien fière, me dit-elle,
vous ne me saluez seulement pas!
— Bonjour, madame, comment vous
portez-vous? — Vous avez l'air de
vous moquer de moi. — Il vous
plaît de le voir. — Ah! ne prenez
pas ces airs dégagés, je vous ferai
encore sentir qui je suis. — J'espère
que non, madame; je n'ai plus rien
à démêler avec vous. — Nous verrons! » et elle s'éloigna avec un
geste de menace.

On était en récréation, tout le
monde courait au jardin. J'en pro-
fitai pour entrer à la petite classe

XII.   9

afin de reprendre quelques cahiers
que j'avais laissés dans un cabinet
attenant à la salle d'études. Ce cabinet, où l'on mettait les encriers, les
pupitres, les grandes cruches d'eau
destinées au lavage de la classe,
servait aussi de *cabinet noir*, de pri-
son pour les petites, pour Mary
Eyre et compagnie.

J'y étais depuis quelques instants,
cherchant mes cahiers, lorsque mademoiselle D*** se présente à moi
comme Tisiphone. « Je suis bien
aise de vous trouver ici, me dit-
elle, vous allez me faire des excuses pour la manière impertinente
dont vous m'avez regardée tout à
l'heure. — Non, madame, je n'ai pas

été impertinente, je ne vous ferai pas
d'excuses. — En ce cas, vous serez punie à la manière des petites, vous
serez enfermée ici jusqu'à ce que
vous ayez baissé le ton. — Vous n'en
avez pas le droit, je ne suis plus
sous votre autorité. — Essayez de
sortir! — Tout de suite. »

Et, profitant de sa stupeur, je
franchis la porte du cabinet et allai droit à elle; mais aussitôt, trans-
portée de rage, elle se précipita
sur moi, m'étreignit dans ses bras
et me repoussa vers le cabinet. Je
n'ai jamais vu rien de si laid que
cette grosse dévote en fureur. Moitié riant, moitié résistant, je la

9.

repoussai, je l'acculai contre le
mur, jusqu'à ce qu'elle voulut me
frapper; alors je levai le poing
sur elle, je la vis pâlir, je la
sentis faiblir, et je restai le bras
levé, certaine que j'étais la plus
forte et qu'il m'était très-facile de
m'en débarrasser; mais pour cela il
fallait ou lui donner un coup ou
la faire tomber, ou au moins la
pousser rudement et risquer de
lui faire du mal. Je n'étais pas
plus en colère que je ne le suis
à cette heure, et je n'ai jamais
pu faire de mal à personne. Je
la lâchai donc en souriant, et j'allais m'en aller, satisfaite de lui
avoir pardonné et de lui avoir fait
sentir la supériorité de mes in-

stincts sur les siens, lorsqu'elle pro-
fita traîtreusement de ma générosité,
revint sur moi et me poussa de
toute sa force. Mon pied heurta
une grosse cruche d'eau qui roula
avec moi dans le cabinet, la D***
m'y enferma à double tour, et
s'enfuit en vomissant un torrent
d'injures.

Ma situation était critique. J'étais
littéralement dans un bain froid; le
cabinet était fort petit et la cruche
énorme; lorsque je fus relevée j'avais
encore de l'eau jusqu'à la cheville.
Pourtant je ne pus m'empêcher de
rire en entendant la D*** s'écrier :
« Ah! la perverse, la maudite!

Elle m'a fait mettre tellement en colère, que je vais être obligée de retourner me confesser. J'ai perdu mon absolution. » Moi, je ne perdis pas la tête, je grimpai sur les rayons du cabinet pour me mettre à pied sec, j'arrachai une feuille blanche d'un cahier, je trouvai plumes et encre, et j'écrivis à madame Eugénie à peu près ce qui suit : « Madame, je ne reconnais maintenant d'autre autorité sur moi que la vôtre. Mademoiselle D*** vient de faire acte de violence sur ma personne et de m'enfermer. Veuillez venir me délivrer, etc. »

J'attendis que quelqu'un parût. Maria Gordon, je crois, vint cher-

cher aussi un cahier dans le cabinet, et, en voyant ma tête ap-
paraître à la lucarne, elle eut
grand'peur et voulut fuir. Mais
je me fis reconnaître et la priai
de porter mon billet à madame
Eugénie, qui devait être au jardin.
Un instant après madame Eugénie
parut, suivie de mademoiselle D***.
Elle me prit par la main et m'em-
mena sans rien dire. La D*** était
silencieuse aussi. Quand je fus seule
avec madame Eugénie dans le
cloître, je l'embrassai naïvement
pour la remercier. Cet élan lui
plut. Madame Eugénie n'embrassait
jamais personne et personne ne
songeait à l'embrasser. Je la vis
émue comme une femme qui ne

connaît pas l'affection et qui pourtant n'y serait pas insensible. Elle
me questionna. Elle avait une manière de questionner très-habile ;
elle avait l'air de ne pas écouter
la réponse, et elle ne perdait ni
un mot ni une expression de visage. Je lui racontai tout, elle vit
que c'était la vérité. Elle sourit,
me serra la main et me fit signe
de retourner au jardin.

L'archevêque de Paris venait confirmer quelques jours après. On
choisissait les élèves qui avaient
fait leur première communion et qui
n'avaient pas reçu l'autre sacrement.
On les faisait entrer en retraite
dans une chambre commune dont

mademoiselle D*** était la gar-
dienne et la lectrice. C'est elle qui
faisait les exhortations religieuses.
On vint me chercher le jour même,
mais mademoiselle D*** refusa de
me recevoir et ordonna que je fe-
rais ma retraite toute seule dans
la chambre qu'il plairait aux religieuses de m'assigner. Alors madame Eugénie prit hautement mon
parti. « C'est donc une pestiférée?
dit-elle avec son air railleur. Eh
bien, qu'elle vienne dans ma cellule. » Elle m'y conduisit en effet,
et madame Alippe vint nous y
joindre. Elles restèrent dans le cor-
ridor pendant que je m'installais
dans ' la cellule, et j'entendis leur
conversation en anglais. Je ne sais

si elles me croyaient déjà capable
de n'en pas perdre beaucoup de
mots.

« Voyons, disait madame Eugénie, cette enfant est donc détestable?
vous qui la connaissez? — Elle n'est
pas détestable du tout, répondit la
mère Alippe, elle est bonne, au
contraire, et cette D*** ne l'est pas.
Mais l'enfant est *diable*, comme elles
disent... Ah! cela vous fait rire,
vous? vous aimez les diables, on
sait cela! » (C'est bon à savoir,
pensai-je.) Et madame Eugénie re-
prit : « Puisqu'elle est folle, ce n'est
pas le moment de la confirmer.
Elle n'y porterait pas le recueillement nécessaire. Laissons-lui le

temps de devenir sage, et surtout ne la mettons pas en contact avec une personne qui lui en veut. Vous m'accordez bien que cette enfant m'appartient, et que vous-même vous n'avez plus de droits sur elle? — Pas d'autres que les droits de l'amitié chrétienne, répondit la mère Alippe, et mademoiselle D*** est dans son tort : soyez tranquille, elle ne recommencera plus. »

Madame Eugénie alla trouver la supérieure, à ce que je crois, pour s'expliquer avec elle, et peut-être avec la mère Alippe et mademoiselle D***, sur ce qui venait de se passer et sur ce qu'il y avait à faire. Pendant que j'étais dans la

cellule de ma protectrice, *Poulette*
vint m'y trouver, Poulette, c'était
le nom que les petites avaient
donné à madame Mary Austin
(Marie-Augustine), la sœur de la
mère Alippe, et la dépositaire du
couvent. Celle-là était l'idole des
pensionnaires. Elle grognait d'une
certaine façon maternelle et cares-
sante. N'ayant pas de fonctions auprès de nous, elle faisait métier de
nous gâter et de nous tancer gaie-
ment de nos sottises. Elle avait une
boutique de friandises qu'elle nous
vendait, et elle donnait souvent à
celles qui n'avaient plus d'argent, ou
du moins elle leur ouvrait des cré-
dits qu'on oubliait de fermer de
part et d'autre. Cette bonne femme,

toujours gaie, sans morgue de dévotion et qu'on prenait par le cou
sans façon, qu'on embrassait sur les
deux joues, qu'on taquinait même
sans jamais la fâcher sérieusement,
vint me consoler de mes mésaven-
tures et me donner même trop
raison, ce dont j'aurais pu abuser
si je n'avais pas eu hâte de rentrer en paix avec tout le monde.

Au bout d'une heure de babil-
lage avec Poulette, je reçus la visite
de mademoiselle D***. La supérieure
ou son confesseur l'avait grondée. Elle était douce comme miel,
et je fus fort étonnée de ses façons
caressantes. Elle m'annonça qu'on
avait remis mon sacrement à l'an-

née suivante, qu'on ne me croyait
pas suffisamment disposée à recevoir la grâce, que madame Eugénie
allait venir me le dire; mais qu'elle-
même, avant d'entrer en retraite
avec les néophytes, avait voulu faire
sa paix avec moi. « Voyons, me
dit-elle, voulez-vous convenir que
vous avez eu tort, et me donner
la main? — De tout mon cœur, lui
dis-je. Tout ce que vous me pres-
crirez avec douceur et bienveillance,
je m'y rendrai. » Elle m'embrassa, ce
qui ne me fit pas grand plaisir,
mais tout fut terminé, et jamais
plus nous n'eûmes maille à partir
ensemble.

L'année suivante, j'étais devenue

très-dévote, je fus confirmée et je
fis la retraite sous le patronage de
cette même mademoiselle D***. Elle
me témoigna beaucoup d'égards et
me loua beaucoup de ma conver-
sion. Elle nous faisait de longues
lectures qu'elle développait et com-
mentait ensuite avec une certaine
éloquence rude et parfois saisissante.
Elle commençait d'un ton emphati-
que auquel on s'habituait peu à
peu, et qui finissait par vous émou-
voir. Cette retraite est tout ce que
je me rappelle d'elle à partir de
mon installation définitive à la
grande classe. Je lui ai pardonné de
tout mon cœur, et je ne rétracte
pas mon pardon; mais je persiste
à dire que nous eussions été infi-

niment meilleures et plus heureuses,
si les religieuses seules se fussent
chargées de notre éducation.

Avant d'en revenir au récit de
mon existence au couvent, je veux
parler de nos religieuses avec quelque détail, je ne crois pas avoir
oublié aucun de leurs noms.

Après madame Canning (la supérieure), dont j'ai parlé, après madame Eugénie, la mère Alippe, la
bonne Poulette (Marie-Augustine);
une des doyennes était madame
Monique (*Maria Monica*), personne
très-austère, très-grave, que je n'ai
jamais vue sourire et avec laquelle

nulle ne se familiarisa jamais. Elle
a été supérieure après madame
Eugénie, qui, elle-même, avait succédé de mon temps à madame Canning. L'autorité supérieure n'était
pas inamovible. On procédait à l'é-
lection, je crois, tous les cinq ans.
Madame Canning fut supérieure
pendant trente ou quarante ans, et
mourut supérieure. Madame Eugénie demanda à être délivrée de son
gouvernement cinq ans après, sa
vue se troublant de plus en plus.
Elle est devenue presque aveugle.
J'ignore si elle existe encore. Je ne
sais pas non plus si madame Monique a vécu jusqu'à présent. Je sais
qu'il y a quelques années madame
Marie-Françoise lui avait succédé.

De mon temps madame Marie-
Françoise était novice sous son
nom de famille, miss Fairbairns.
C'était une très-belle personne,
blanche avec des yeux noirs, de
fraîches couleurs, une physionomie
très-ferme, très-décidée, franche,
mais froide. Cette froideur, dont le
principe tout britannique était développé par la réserve claustrale
et le recueillement chrétien, se faisait sentir chez la plupart de nos
religieuses. Souvent nos élans de
sympathie pour elles en étaient at-
tristés et glacés. C'est le seul reproche collectif que j'aie à leur
faire. Elles n'étaient pas assez dési-
reuses de se faire aimer. — Une
autre doyenne était madame Anne-

Augustine, si je ne fais pas erreur
de nom. Celle-là était si vieille, que,
lorsqu'on se trouvait à monter un
escalier derrière elle, on avait le
temps d'apprendre sa leçon. Elle
n'avait jamais pu dire un mot
de français. Elle avait aussi une
figure très-solennelle et très-austère. Je ne crois pas qu'elle ait
jamais adressé la parole à aucune
de nous. On prétendait qu'elle avait
eu une maladie très-grave et qu'elle
ne digérait qu'au moyen d'un ventre d'argent. Le ventre d'argent de
madame Anne-Austine était une
des traditions du couvent, et nous
étions assez bêtes pour y croire.
On s'imaginait même entendre le
cliquetis de ce ventre lorsqu'elle

marchait; c'était donc pour nous un
être très-mystérieux et quelque peu
effrayant que cette antique béguine
qui était à moitié statue de métal,
qui ne parlait jamais, qui vous re-
gardait quelquefois d'un air étonné,
et qui ne savait même pas le nom
d'une seule d'entre nous. On la sa-
luait en tremblant, elle faisait une
courte inclinaison de la tête et passait comme un spectre. Nous pré-
tendions qu'elle était morte depuis
deux cents ans et qu'elle trottait toujours dans les cloîtres par habitude.

Madame Marie-Xavier était la
plus belle personne du couvent,
grande, bien faite, d'une figure ré-

gulière et délicate; elle était toujours pâle comme sa guimpe, triste
comme un tombeau. Elle se disait
fort malade et aspirait à la mort
avec impatience. C'est la seule religieuse que j'aie vue au désespoir
d'avoir prononcé des vœux. Elle ne
s'en cachait guère et passait sa vie
dans les soupirs et les larmes. Ces
vœux éternels, que la loi civile ne
ratifiait pas, elle n'osait pourtant as-
pirer à les rompre. Elle avait juré sur
le saint sacrement; elle n'était pas
assez philosophe pour se dédire,
pas assez pieuse pour se résigner.
C'était une âme défaillante, tour-
mentée, misérable, plus passionnée
que tendre, car elle ne s'épanchait
que dans des accès de colère, et

comme exaspérée par l'ennui. On
faisait beaucoup de commentaires là-
dessus. Les unes pensaient qu'elle
avait pris le voile par désespoir
d'amour et qu'elle aimait encore;
les autres, qu'elle haïssait et qu'elle
vivait de rage et de ressentiment;
d'autres enfin l'accusaient d'avoir un
caractère amer et insociable, et de
ne pouvoir subir l'autorité des
doyennes.

Quoique tout cela fût aussi bien
caché que possible, il nous était
facile de voir qu'elle vivait à part,
que les autres nonnes la blâmaient,
et qu'elle passait sa vie à bouder
ou à être boudée. Elle communiait

cependant comme les autres, et elle
a passé, je crois, une dizaine d'années sous le voile. Mais j'ai su
que peu de temps après ma sortie du couvent elle avait rompu
ses vœux et qu'elle était partie,
sans qu'on sût ce qui s'était passé
dans le sein de la communauté.
Quelle a été la fin du doulou-
reux roman de sa vie? A-t-elle
retrouvé libre ou repentant l'objet
de sa passion? Avait-elle ou n'avait-
elle point une passion? Est-elle rentrée dans le monde? A-t-elle sur-
monté les scrupules et les remords
de la dévotion qui l'avait retenue
si longtemps captive, en dépit de
son manque de vocation? Est-elle
rentrée dans un autre couvent pour

y finir ses jours dans le deuil et la
pénitence? Aucune de nous, je
crois, ne l'a jamais su. Ou bien on
me l'a dit et je l'ai oublié. Est-elle
morte à la suite de cette longue
maladie de l'âme qui la dévo-
rait? Nos religieuses donnaient pour
prétexte l'arrêt des médecins, qui
l'avaient condamnée à mourir ou à
changer de climat et de régime.
Mais il était facile de voir à leur
sourire un peu amer que tout cela
ne s'était point passé sans luttes et
sans blâme.

Une autre novice, qui était fort
belle aussi et que j'ai vue entrer
postulante sous le nom de miss

Croft, a fait, depuis mon départ,
comme madame Maria Xavieria;
elle a quitté le couvent et renoncé
à sa vocation avant d'avoir pris le
voile noir.

Miss Hurst, novice à qui j'ai vu
prendre ce voile de deuil éternel
et qui l'a fait très-délibérément et
sans repentir, était la nièce de
madame Monique. Elle était ma
maîtresse d'anglais. Tous les jours
je passais une heure dans sa cellule. Elle démontrait avec clarté et
patience. Je l'aimais beaucoup, elle
était parfaite pour moi, même
quand j'étais diable. Elle s'est nom-
mée en religion Maria Winifred. Je

n'ai jamais lu Shakspeare ou By-
ron dans le texte sans penser à
elle et sans la remercier dans mon
cœur.

Il y avait, quand j'entrai au couvent, deux autres novices qui tou-
chaient à la fin de leur noviciat et
qui prirent le voile avant miss
Hurst et miss Fairbairns. J'ai oublié
leurs noms de famille, je ne me
rappelle que leurs noms de religion. C'était la sœur Mary-Agnès et
la sœur Anne-Joseph. Toutes deux
petites et menues, elles avaient l'air
de deux enfants. Marie-Agnès surtout était un petit être fort singu-
lier. Ses goûts et ses habitudes

étaient en parfaite harmonie avec
l'exiguité mignarde de sa personne.
Elle aimait les petits livres, les petites fleurs, les petits oiseaux, les
petites filles, les petites chaises;
tous les objets de son choix et à
son usage étaient mignons et pro-
prets comme elle. Elle portait dans
son genre de prédilection une certaine grâce enfantine et plus de
poésie que de manie.

L'autre petite nonne, moins petite pourtant et moins intelligente
aussi, était la plus douce et la plus
affectueuse créature du monde.
Celle-là n'avait pas une parcelle de
la morgue anglaise et de la mé-

fiance catholique. Elle ne nous rencontrait jamais sans nous embrasser,
en nous adressant, d'un ton à la
fois larmoyant et enjoué, les épi-
thètes les plus tendres.

Les enfants sont portés à abuser
de l'expansion qu'on a avec eux,
aussi les pensionnaires avaient-elles
peu de respect pour cette bonne
petite nonne. Les Anglaises surtout
regardaient comme un travers le
laisser aller affectueux de ses manières. Il n'y a pas à dire, au couvent comme ailleurs, j'ai toujours
trouvé cette race hautaine et guin-
dée à la surface. Le caractère des
Anglaises est plus bouillant que le
nôtre. Leurs instincts ont plus d'a-

nimalité dans tous les genres. Elles
sont moins maîtresses que nous de
leurs sentiments et de leurs passions. Mais elles sont plus maîtresses de leurs mouvements, et dès
l'enfance il semble qu'elles s'étu-
dient à les cacher et à se composer une habitude de maintien impassible. On dirait qu'elles viennent
au monde dans la toile goudronnée
dont on faisait ces fameux *collets*
montés devenus synonymes d'orgueil
et de pruderie.

Pour en revenir à la sœur *Anne-*
Joseph, je l'aimais comme elle était,
et quand elle venait à moi les bras
ouverts et l'œil humide (elle avait
toujours l'air d'un enfant qui vient

d'être grondé et qui demande protection ou consolation au premier
venu), je ne songeais point à épi-
loguer sur la banalité de ses caresses; je les lui rendais avec la
sincérité d'une sympathie toute d'instinct; car, d'affection raisonnée, il
n'y avait pas moyen d'y songer
avec elle. Elle ne savait pas dire
deux mots de suite, parce qu'elle
ne pouvait pas assembler deux
idées. Était-ce bêtise, timidité, lé-
gèreté d'esprit? Je croirais plutôt
que c'était maladresse intellectuelle,
gaucherie du cerveau, si l'on peut
parler ainsi. Elle jasait sans rien
dire; mais c'est qu'elle eût voulu
beaucoup dire et qu'elle ne le pouvait pas, même dans sa propre

langue. Il n'y avait pas absence,
mais confusion d'idées. Préoccupée
de ce à quoi elle voulait penser,
elle disait des mots pour d'autres mots qu'elle croyait dire, ou
elle laissait sa phrase au beau
milieu, et il fallait deviner le reste
tandis qu'elle en commençait une
autre. Elle agissait comme elle parlait. Elle faisait cent choses à la
fois et n'en faisait bien aucune;
son dévouement, sa douceur, son
besoin d'aimer et de caresser sem-
blaient la rendre tout à fait propre
aux fonctions d'infirmière dont on
l'avait revêtue. Malheureusement,
comme elle embrouillait sa main
droite avec sa main gauche, elle
embrouillait malades, remèdes et

maladies; elle vous faisait avaler
votre lavement, elle mettait la po-
tion dans la seringue. Et puis elle
courait pour chercher quelque dro-
gue à la pharmacie, et croyant
monter l'escalier, elle le descendait,
et réciproquement. Elle passait sa
vie à se perdre et à se retrouver.
On la rencontrait toujours affairée,
toute dolente pour un bobo survenu
à une de ses *dearest sisters*[1] ou à
un de ses *dearest children*[2]. Bonne
comme un ange, bête comme une
oie, disait-on. Et les autres religieuses la grondaient beaucoup, ou
la raillaient un peu vivement pour

[1] Très-chères sœurs.
[2] Très-chers enfants.

ses étourderies. Elle se plaignait
d'avoir des rats dans sa cellule. On
lui répondait que s'il y en avait,
ils étaient sortis de sa cervelle. Dés-
espérée quand elle avait fait une
sottise, elle pleurait, perdait la tête,
et devenait complétement incapable
de la retrouver.

Quel nom donner à ces orga-
nisations affectueuses, inoffensives,
pleines de bon vouloir, mais, par
le fait, inhabiles et impuissantes?
Il y en a beaucoup, de ces natures-
là, qui ne savent et ne peuvent rien
faire, et qui, livrées à elles-mêmes,
ne trouveraient pas dans la société
une fonction applicable à leur in-
dividualité. On les appelle brutale-

ment idiotes et imbéciles. Moi, j'ai-
merais mieux ce préjugé de certains
peuples qui réputent sacrées les personnes ainsi faites. Dieu agit en
elles mystérieusement, et il faut respecter Dieu dans l'être qu'il semble
vouloir écraser de trop de pensées,
ou embarrasser en lui ôtant le fil
conducteur du labyrinthe intellec-
tuel.

N'aurons-nous pas, un jour, une
société assez riche et assez chrétienne pour qu'on ne dise plus aux
inhabiles : « Tant pis pour toi, de-
viens ce que tu pourras? » L'huma-
nité ne comprendra-t-elle jamais que
ceux qui ne sont capables que d'aimer sont bons à quelque chose, et

que l'amour d'une bête est encore
un trésor?

Pauvre petite sœur Anne-Joseph,
tu fis bien de te tourner vers Dieu,
qui seul ne rebute pas les élans
d'un cœur simple, et, quant à moi,
je le remercie de ce qu'il m'a fait
aimer en toi cette *sainte simplicité*
qui ne pouvait rien donner que de
la tendresse et du dévouement. Faites les difficiles, vous autres qui
en avez trop rencontré dans ce
monde!

J'ai gardé pour la dernière celle
des nonnes que j'ai le plus aimée.
C'était, à coup sûr, la perle du couvent. Madame *Mary-Alicia Spiring*

11.

était la meilleure, la plus intelligente et la plus aimable des cent
et quelques femmes, tant vieilles que
jeunes, qui habitaient, soit pour un
temps, soit pour toujours, le couvent des Anglaises. Elle n'avait pas
trente ans lorsque je la connus. Elle
était encore très-belle, bien qu'elle
eût trop de nez et trop peu de
bouche. Mais ses grands yeux bleus
bordés de cils noirs étaient les plus
beaux, les plus francs, les plus
doux yeux que j'aie vus de ma vie.
Toute son âme généreuse, maternelle et sincère, toute son existence
dévouée, chaste et digne, étaient dans
ces yeux-là. On eût pu les appeler,
en style catholique, des miroirs de
pureté. J'ai eu longtemps l'habitude,

et je ne l'ai pas tout à fait perdue,
de penser à ces yeux-là quand je
me sentais, la nuit, oppressée par
ces visions effrayantes qui vous
poursuivent encore après le réveil.
Je m'imaginais rencontrer le regard
de madame Alicia, et ce pur rayon
mettait les fantômes en fuite.

Il y avait dans cette personne
charmante quelque chose d'idéal; je
n'exagère pas, et quiconque l'a vue
un instant à la grille du parloir,
quiconque l'a connue quelques jours
au couvent, a ressenti pour elle
une de ces subites sympathies mêlées d'un profond respect, qu'inspi-
rent les âmes d'élite. La religion
avait pu la rendre humble, mais la

nature l'avait faite modeste. Elle
était née avec le don de toutes les
vertus, de tous les charmes, de
toutes les puissances que l'idée
chrétienne bien comprise par une
noble intelligence ne pouvait que
développer et conserver. On sentait
qu'il n'y avait point de combat en
elle et qu'elle vivait dans le beau et
dans le bon comme dans son élément
nécessaire. Tout était en harmonie
chez elle. Sa taille était magnifique
et pleine de grâces sous le sac et la
guimpe. Ses mains effilées et rondelettes étaient charmantes, malgré
une ankylose des petits doigts qui
ne se voyait pas habituellement. Sa
voix était agréable, sa prononciation
d'une distinction exquise dans les

deux langues, qu'elle parlait également bien. Née en France d'une
mère française, élevée en France,
elle était plus Française qu'Anglaise,
et le mélange de ce qu'il y a de
meilleur dans ces deux races en
faisait un être parfait. Elle avait la
dignité britannique sans en avoir la
roideur, l'austérité religieuse sans la
dureté. Elle grondait parfois, mais
en peu de mots, et c'étaient des
mots si justes, un blâme si bien
motivé, des reproches si directs, si
nets, et pourtant accompagnés d'un
espoir si encourageant, qu'on se
sentait courbée, réduite, convain-
cue, devant elle, sans être ni
blessée, ni humiliée, ni dépitée.
On l'estimait d'autant plus qu'elle

avait été plus sincère, on l'aimait
d'autant plus qu'on se sentait moins
digne de l'amitié qu'elle vous con-
servait, mais on gardait l'espoir de
la mériter, et on y arrivait certainement, tant cette affection était dé-
sirable et salutaire.

Plusieurs religieuses avaient une
fille, ou plusieurs *filles* parmi les
pensionnaires; c'est-à-dire que sur
la recommandation des parents, ou
sur la demande d'un enfant et avec
la permission de la supérieure, il y
avait une sorte d'adoption maternelle spéciale. Cette maternité con-
sistait en petits soins particuliers,
en réprimandes tendres ou sévères
à l'occasion. La fille avait la per-

mission d'entrer dans la cellule de
sa mère, de lui demander con-
seil ou protection, d'aller quelquefois prendre le thé avec elle dans
l'ouvroir des religieuses, de lui of-
frir un petit ouvrage à sa fête, enfin
de l'aimer et de le lui dire. Tout
le monde voulait être la fille de
Poulette ou de la mère Alippe.
Madame Marie-Xavier avait des filles.
On désirait vivement être celle de
madame Alicia, mais elle était avare
de cette faveur. Secrétaire de la communauté, chargée de tout le travail
de bureau de la supérieure, elle avait
peu de loisir et beaucoup de fatigue.
Elle avait eu une fille bien-aimée,
Louise de Courteilles (qui a été depuis madame d'Aure). Cette Louise

était sortie du couvent, et personne n'osait espérer de la remplacer.

Cette ambition me vint comme aux gens naïfs qui ne doutent de rien. On se prenait de passion filiale autour de moi pour madame Alicia, mais on n'osait pas le lui dire. J'allai le lui dire tout net et sans m'embarrasser l'esprit du sermon qui m'attendait. « Vous? me dit-elle. Vous, le plus grand diable du couvent? Mais vous voulez donc me faire faire pénitence? Que vous ai-je donc fait pour que vous m'imposiez le gouvernement d'une aussi mauvaise tête que la vôtre? Vous voulez me remplacer, vous, enfant terrible,

ma bonne Louise, ma douce et
sage enfant? Je crois que vous êtes
folle ou que vous m'en voulez. —
Bah, lui répondis-je sans me dé-
concerter, essayez toujours. Qui
sait? je me corrigerai peut-être,
je deviendrai peut-être charmante
pour vous faire plaisir! — A la
bonne heure, dit-elle; si c'est dans
l'espoir de vous amender que je
vous entreprends, je m'y résignerai
peut-être; mais vous me fournissez
là un rude moyen de faire mon
salut, et j'en aurais préféré un autre. — Un ange comme Louise de
Courteilles ne compte pas pour
votre salut, repris-je. Vous n'avez
eu aucun mérite avec elle; vous
en auriez beaucoup avec moi. —

Mais si, après m'être donné beaucoup de peine, je ne réussis pas
à vous rendre sage et pieuse? Pou-
vez-vous me promettre de m'aider,
au moins? — Pas trop, répondis-
je. Je ne sais pas encore ce que
je suis et ce que je peux être. Je
sens que je vous aime beaucoup,
et je me figure que, de quelque
façon que je tourne, vous serez
forcée de m'aimer aussi. — Je vois
que vous ne manquez pas d'amour-
propre? — Oh! vous verrez que ce
n'est pas cela : mais j'ai besoin
d'une mère. J'en ai deux en réalité
qui m'aiment trop, que j'aime trop,
et nous ne nous faisons que du
mal les unes aux autres. Je ne
peux guère vous expliquer cela,

et pourtant vous le comprendriez, vous qui avez votre mère dans le couvent; mais soyez pour moi une mère à votre manière. Je crois que je m'en trouverai bien. C'est dans mon intérêt que je vous le demande, et je ne m'en fais point accroire. Allons, chère mère, dites oui, car je vous avertis que j'en ai déjà parlé à ma bonne maman et à madame la supérieure, et qu'elles vont vous le demander aussi. »

Madame Alicia se résigna, et mes compagnes, tout étonnées de cette adoption, me disaient : « Tu n'es pas malheureuse, toi! Tu es un diable incarné, tu ne fais que des sottises et des malices. Pourtant voilà madame Eugénie qui te protége et madame Alicia qui t'aime, tu es née coiffée. — Peutêtre ! » disais-je avec la fatuité d'un mauvais sujet.

Mon affection pour cette admirable personne était pourtant plus sérieuse qu'on ne pensait et qu'elle ne le croyait certainement ellemême. Je n'avais jamais senti qu'une passion dans mon petit être, l'amour filial ; cette passion se continuait en moi ; ma véritable mère y répondait tantôt trop, tantôt pas assez, et, depuis que j'étais au couvent, elle semblait avoir fait vœu de repousser mes élans et de

me restituer à moi-même pour ainsi
dire. Ma grand'mère me boudait
parce que j'avais accepté l'épreuve
qu'elle m'avait imposée. Ni l'une
ni l'autre n'avait plus de raison
que moi. J'avais besoin d'une mère
sage, et je commençais à comprendre que l'amour maternel, pour
être un refuge, ne doit pas être
une passion jalouse. Malgré la dissipation où mon être moral semblait s'être absorbé et comme éva-
poré, j'avais toujours mes heures
de rêverie douloureuse et de sombres réflexions, dont je ne faisais
part à personne. J'étais parfois si
triste en faisant mes folies, que
j'étais forcée de m'avouer malade
pour ne pas m'épancher. Mes

compagnes anglaises se moquaient
de moi et me disaient : « *You
are low-spirited to-day ? — What is
the matter with you ?* [1] » Isabelle
avait coutume de répéter quand
j'étais jaune et abattue : « *She is
in her low-spirits, in her spiritual
absences.* » Elle faisait ma charge,
je riais, et je gardais mon secret.

J'étais diable moins par goût
que par laisser aller. J'aurais tourné
à la sagesse si mes diables l'eussent voulu. Je les aimais, ils me

---

[1] Cette phrase et la suivante ne sont pas littéralement traduisibles : *Vos esprits sont bas*
(abattus) *aujourd'hui. Qu'est-ce que vous avez ?
— Elle est bas espritée, elle est dans ses absences spirituelles.*

faisaient rire, ils m'arrachaient à
moi-même; mais cinq minutes de
sévérité de madame Alicia me faisaient plus de bien, parce que,
dans cette sévérité, soit amitié particulière, soit charité chrétienne,
je sentais un intérêt plus sérieux
et plus durable qu'il n'y en avait
dans cet échange de gaieté entre
mes compagnes et moi. Si j'avais
pu vivre à l'ouvroir ou dans la
cellule de ma chère mère, au bout
de trois jours je n'aurais plus
compris qu'on s'amusât sur les toits
ou dans les caves.

J'avais besoin de chérir quelqu'un
et de le placer dans ma pensée
habituelle au-dessus de tous les

autres êtres, de rêver en lui la
perfection, le calme, la force, la
justice; de vénérer enfin un objet
supérieur à moi, et de rendre
dans mon cœur un culte assidu à
quelque chose comme Dieu ou
comme *Corambé*. Ce quelque chose
prenait les traits graves et sereins
de Marie Alicia. C'était mon idéal,
mon saint amour, c'était la mère
de mon choix.

Quand j'avais fait le diable tout
le jour, je me glissais le soir dans
sa cellule après la prière. C'était
une des prérogatives de mon adoption. La prière finissait à huit
heures et demie. Nous montions
l'escalier de notre dortoir et nous

trouvions dans les longs corridors
(qu'on appelait dortoirs aussi, parce
que toutes les portes des cellules
y donnaient) les nonnes alignées
sur deux rangs, et rentrant chez
elles en psalmodiant à haute voix
des prières en latin. Elles s'arrê-
taient devant une madone qui était
sur le dernier palier, et là elles
se séparaient, après plusieurs ver-
sets et répons. Chacune entrait
dans sa cellule sans rien dire, car,
entre la prière et le sommeil, le
silence leur était imposé.

Mais celles qui avaient une fonction à remplir auprès des malades
ou auprès de leurs filles étaient
dispensées de s'astreindre à ce rè-

12.

glement. J'avais donc le droit d'entrer chez ma mère entre neuf
heures moins un quart et neuf
heures. Lorsque neuf heures sonnaient à la grande horloge, il
fallait que sa lumière fût éteinte
et que je fusse rentrée au dortoir.
C'était donc quelquefois cinq ou
six minutes seulement qu'elle pouvait m'accorder, encore avec préoccupation et l'oreille attentive aux
quarts, *demi-quarts* et *avant-quarts*
que sonnait la vieille horloge,
car madame Alicia était scrupuleu-
sement fidèle à l'observance des
moindres règles, et elle n'y eût
pas voulu manquer d'une seconde.

« Allons, me disait-elle en m'ou-

vrant sa porte, que je grattais d'une
certaine façon pour me faire ad-
mettre, *voilà encore mon tourment!* »
C'était sa formule habituelle, et le
ton dont elle la disait était si bon,
si accueillant, son sourire était si
tendre et son regard si doux, que
je me trouvais parfaitement encou-
ragée à entrer. « Voyons, disait-
elle, que venez-vous me dire de
nouveau? Auriez-vous été sage, par
hasard, aujourd'hui? — Non. —
Mais vous n'êtes pas en bonnet de
nuit cependant? (On sait que c'é-
tait la marque de pénitence qui
était devenue à peu près adhérente
à mon chef.) — Je ne l'ai eu que
deux heures, ce soir, disais-je. —
Ah! fort bien! Et ce matin? — Ce

matin, je l'avais à l'église. Je me
suis glissée derrière les autres pour
que vous ne le vissiez point. — Ah!
ne craignez rien! je vous regarde le
moins possible, pour ne pas voir ce
vilain bonnet. Eh bien! vous l'aurez
donc encore demain? — Oh! pro-
bablement! — Vous ne voulez donc
pas changer? — Je ne peux pas
encore. — Alors qu'est-ce que vous
venez faire chez moi? — Vous voir
et me faire gronder. — Ah! cela
vous amuse? — Cela me fait du
bien. — Je ne m'en aperçois pas
du tout, et cela me fait du mal,
à moi, méchante enfant! — Ah!
tant mieux! lui disais-je, cela prouve
que vous m'aimez. — Et que vous
ne m'aimez pas! » reprenait-elle.

Alors elle me grondait, et j'avais un grand plaisir à être grondée par elle. « Au moins, me disais-je, voilà une mère qui m'aime pour moi et qui a raison avec moi. » Je l'écoutais avec le recueillement d'une personne bien décidée à se convertir, et pourtant je n'y songeais nullement. « Allons, me disait-elle, vous changerez, je l'espère; vos sottises vous ennuieront, et Dieu parlera à votre âme. — Le priez-vous beaucoup pour moi? — Oui, beaucoup. — Tous les jours? — Tous les jours. — Vous voyez bien que si j'étais sage, vous m'aimeriez moins et ne penseriez pas si souvent à moi. »

Elle ne pouvait s'empêcher de
rire, car elle avait ce fonds de
gaieté qui est le cachet des bons
esprits et des bonnes consciences.
Elle me prenait par les épaules et
me secouait comme pour faire sortir le diable dont j'étais possédée.
Puis l'heure sonnait, et elle me
jetait à la porte en riant. Et je
remontais au dortoir, emportant,
comme par influence magnétique,
quelque chose de la sérénité et de
la candeur de cette belle âme.

Je n'ai dit ces détails que
pour compléter le portrait de ma
chère Marie Alicia; car j'aurai beaucoup à revenir sur mes relations
avec elle. J'achève maintenant ma

nomenclature en disant que nous
avions quatre sœurs converses, dont
je ne me rappelle bien que deux,
la sœur Thérèse et la sœur Hélène.

Sister Teresa était une grande
vieille d'un beau type. Elle était
gaie, brusque, moqueuse, adorable-
ment bonne. C'est encore un de
mes chers souvenirs. C'est elle qui
m'avait baptisée *Madcap*. Elle ne
savait pas un mot de français et
ne pouvait dans aucune langue dire
correctement trois paroles. C'était
une Écossaise, maigre, forte, très-
active, vous repoussant toujours de
manière à vous attirer, se plaisant
aux niches qu'on lui faisait, et capable de vous châtier à coups de

balai, tout en riant plus haut que
vous. Elle aussi aimait les diables
et ne les craignait point.

Elle avait l'emploi de distiller l'eau
de menthe, ce qui était une industrie
très-perfectionnée dans notre couvent. On cultivait la plante dans de
grands carrés réservés, au jardin des
religieuses. Trois ou quatre fois par
an, on la fauchait comme une lu-
zerne, et on l'apportait dans une
vaste cave qui servait de laboratoire
à la sœur Thérèse. Cette cave était
située juste au-dessous de la grande
classe, et on y descendait par un
large escalier. C'était donc naturellement une de nos premières éta-
pes quand nous partions pour nos

escapades. Mais quand la distilleuse
était absente, tout était fermé avec
le plus grand soin, et quand elle
était présente, il ne fallait pas
songer à folâtrer au milieu de ses
alambics et de ses cornues. On
s'arrêtait devant la porte ouverte et
on la taquinait en paroles, ce
qu'elle acceptait fort bien. Cependant, moi qui savais faire tranquillement mes impertinences, j'arrivai
bientôt à pénétrer dans le sanctuaire. Je me tins d'abord pendant
quelque temps en observation; j'aimais à la regarder. Seule dans cette
grande cave éclairée par un jour
blanc, qui, du soupirail, tombait sur
sa robe violette, sur son voile d'un
noir grisâtre et sur sa figure accen-

tuée de lignes, terne de couleur
comme une terre cuite, elle avait
l'air d'une sorcière de Macbeth faisant ses évocations autour des four-
neaux. Parfois elle était immobile
comme une statue, assise auprès de
l'alambic où le précieux breuvage
coulait goutte à goutte; elle lisait
la Bible en silence, ou murmurait
ses offices d'une voix rauque et
monotone. Elle était belle dans sa
rude vieillesse comme un portrait
de Rembrandt.

Un jour qu'elle était absorbée ou
assoupie, j'arrivai jusqu'à elle sur la
pointe des pieds, et quand elle me
vit au milieu de ses flacons et de
tout l'attirail fragile qu'un combat

folâtre eût compromis, force lui fut
de capituler et de souffrir ma curiosité. Elle était si bonne qu'elle
me prit en affection, Dieu sait pourquoi, et que je pus dès lors me
glisser souvent à ses côtés. Quand
elle vit que je n'étais pas mala-
droite et que je ne brisais rien, elle
se laissa distraire et désennuyer par
mes flâneries, et, tout en me re-
prochant de n'être pas à la classe,
elle ne me poussa jamais dehors,
comme elle faisait des autres. L'o-
deur de la menthe lui causait des
maux d'yeux et des migraines. Je
l'aidais à étaler et à remuer son
fourrage embaumé, et dans les
jours d'été, quand on étouffait dans
la classe, je trouvais un bien-être

extrême à me réfugier dans cette
cave dont le parfum me charmait.

L'autre sœur converse, sœur Hélène, était la maîtresse servante du
couvent. Elle faisait les lits au dortoir, balayait l'église, etc. Comme,
après madame Alicia, c'est la religieuse qui m'a été la plus chère,
je parlerai beaucoup d'elle en temps
et lieu; mais, à la phase de mon
récit où je me trouve, je n'ai rien
à en dire. Je fus longtemps sans
faire la moindre attention à elle.

Les deux autres converses faisaient
la cuisine. Ainsi, au couvent comme
ailleurs, il y avait une aristocratie
et une démocratie. Les *dames de*

chœur vivaient en patriciennes. Elles
avaient des robes blanches et du
linge fin. Les converses travaillaient
comme des prolétaires et leur vê-
tement sombre était plus grossier.
C'étaient de vraies femmes du peuple, sans aucune éducation, et beaucoup moins absorbées par l'église
et les offices que par les travaux
de ce grand ménage. Elles n'étaient
pas en nombre pour y suffire, et
il y avait en outre deux servantes
séculières, Marie-Anne et Marie-
Josèphe, sa nièce, deux créatures
excellentes qui me dédommageaient
bien de Rose et de Julie.

En général, on était bon comme
Dieu dans cette grande famille fé-

minine. Je n'y ai pas rencontré une
seule méchante compagne, et parmi les religieuses et les maîtresses,
sauf mademoiselle D***, je n'ai
trouvé que tendresse ou tolérance.
Comment ne chérirais-je pas le souvenir de ces années les plus tranquilles, les plus heureuses de ma
vie? J'y ai souffert de moi-même au
physique et au moral, mais, en aucun temps et en aucun lieu, je n'ai
moins souffert de la part des autres.

CHAPITRE TREIZIÈME.

Mon premier chagrin à la grande classe fut le départ d'Isabelle. Ses parents l'emmenaient en Suisse avec sa sœur aînée, qui n'était pas au couvent. Isabelle partit, joyeuse de faire un si beau voyage, ne regrettant que Sophie, et faisant fort peu

13.

d'attention à mes larmes. J'en fus
blessée. J'aimais Sophie et j'en étais
doublement jalouse : jalouse, parce
qu'elle me préférait Isabelle, jalouse,
parce que Isabelle me la préférait.
J'eus quelques jours de grand chagrin. Mais la jalousie en amitié
n'est point mon mal, je la méprise
et m'en défends assez bien. Quand
je vis Sophie pleurer son amie et
dédaigner mes consolations, je ne
fis pas la superbe. Je la priai de
m'associer à ses regrets, d'être triste
avec moi sans se gêner et de me
parler d'Isabelle sans jamais craindre
de lasser ma patience et mon affection. « Au fait, me dit Sophie en
se jetant dans mes bras, je ne sais
pas pourquoi nous t'avions traitée

comme un enfant, Isabelle et moi.
Tu as plus de cœur qu'on ne pense,
et je te jure amitié sérieuse. Tu
me permettras d'aimer Isabelle avant
tout. Elle y a droit par ancienneté;
mais après Isabelle, je sens que c'est
toi que j'aime plus que tout le
monde ici. »

J'acceptai joyeusement la part qui
m'était faite, et je devins l'insépa-
rable de Sophie. Elle fut toujours
aimable et charmante; mais je dois
dire que, pour l'élan du cœur et le
dévouement complet, je fis toujours
les frais de cette amitié; Sophie était
exclusive malgré elle. Son âme ne
pouvait se partager. Je l'accusai
quelquefois d'ingratitude, puis je

sentis que j'avais tort, et, sans la
quitter d'une semelle, j'ouvris mon
cœur à d'autres amitiés.

Mary partit pour un voyage en
Angleterre. Elle devait revenir bientôt, et je ne m'en affectai pas beaucoup, parce que mon entrée à la
grande classe nous avait beaucoup
séparées, et qu'à son retour elle
devait m'y rejoindre. Mais son absence se prolongea. Elle ne revint
qu'au bout d'un an et pour rentrer
à la petite classe. L'affection qui
s'empara de moi me dédommagea
de toutes ces pertes, et je trouvai
dans Fannelly de Brisac la plus ai-
mante de toutes mes amies.

C'était une petite blonde, fraîche

comme une rose et d'une physionomie si vive, si franche, si bonne,
qu'on avait du plaisir à la regarder. Elle avait de magnifiques cheveux cendrés qui tombaient en longues boucles sur ses yeux bleus et
sur ses joues rondelettes. Comme
elle remuait toujours, qu'elle ne savait pas marcher sans courir, ni
courir sans bondir comme une balle,
ce perpétuel flottement de cheveux
était la chose la plus gaie du monde.
Ses lèvres vermeilles ne savaient que
sourire, et comme elle était de Nérac, elle avait un petit accent gascon
qui réjouissait l'oreille. Ses sourcils se
rejoignaient au-dessus de son petit
nez, ses yeux pétillaient comme des
étincelles. Elle agissait et entrepre-

naît toujours, elle ne connaissait pas
la rêverie. Elle babillait sans désem-
parer. Elle était tout feu, tout cœur,
tout soleil, un vrai type méridional,
la plus aimable, la plus vivante, la
plus prévenante compagne que j'aie
jamais eue.

Elle m'aima la première et me
le dit sans savoir comment j'y
répondrais. J'y répondis tout de
suite et de tout mon cœur, sans savoir où cela me mènerait. Mais ma
bonne étoile avait présidé à ce
pacte d'inspiration. Je trouvai en
elle un trésor de bonté, la douceur d'un ange dans la pétulance
d'un démon, un esprit rayonnant

de santé morale, une abondance
de cœur inépuisable, une complaisance empressée, ingénieuse, active,
une droiture et une générosité
d'instincts à toute épreuve, un caractère comme on n'en rencontre
pas trois dans la vie pour l'unité,
l'égalité, la sûreté. Cette personne-
là a toujours vécu loin de moi depuis, nous ne nous sommes presque
pas écrit. Elle n'était pas *écriveuse*,
comme nous disions au couvent;
nous ne nous sommes pas revues.
Elle s'est mariée avec un homme
très-estimable, M. le Franc de
Pompignan, mais dont la religion
politique et sociale doit être tout
l'opposé de la mienne. Elle doit
donc vivre dans un milieu où je

suis considérée très-probablement
comme un suppôt de l'Antechrist [1].
Mais, en dépit de tout cela, il y
a une chose dont je suis aussi as-
surée que de ma propre existence,
c'est que Fannelly m'aime toujours
tendrement et ardemment, c'est
qu'aucun nuage n'a passé sur cette
irrésistible et complète sympathie
que nous avons éprouvée l'une

[1] Ce n'est pas une raison pour omettre de rap-
peler la belle action qui s'est passée depuis que
ces lignes sont écrites. Sous-préfet à Nérac,
M. de Pompignan est descendu dans un puits
méphitique où personne n'osait se risquer, pour
en retirer de pauvres ouvriers asphyxiés. Parvenu
au but de ses efforts, M. de Pompignan, qui par
deux fois déjà s'était évanoui, replongeant toujours avec un nouveau courage, faillit payer de
sa vie l'admirable dévouement de son cœur.

pour l'autre, il y a trente ans, c'est
qu'elle ne pense jamais à moi sans
se dire qu'elle m'aime et sans être
certaine que je l'aime aussi. Qui
ne l'eût aimée? Elle n'avait pas un
seul défaut, pas un seul travers. A
la voir si rieuse, si échevelée, si
en l'air, on eût pu croire qu'elle
ne pensait à rien, et cependant
elle pensait toujours à vous être
agréable; elle vivait pour ainsi dire
de l'affection qu'elle vous portait et
du plaisir qu'elle voulait vous donner.
Je la vois toujours entrant dans
la classe dix fois par jour (car elle
savait sortir de classe comme
personne), et remuant sa jolie tête
blonde à droite et à gauche pour
me chercher. Elle était myope,

malgré ses beaux yeux. « *Ma tante*,
disait-elle, où est donc *ma tante?*
qu'a-t-on fait de ma tante? Mesdemoiselles, mesdemoiselles, qui a
vu ma tante? — Eh! je suis là,
lui disais-je. Viens donc auprès de
moi.

— Ah! c'est bien, ma tante!
Tu m'as gardé ma place à côté
de toi. C'est bien, c'est bien, nous
allons rire. Mais qu'est-ce que tu
as, ma tante? Tu as l'air soucieux,
voyons, dis-moi ce que tu as!

— Mais rien.

— En ce cas, ris donc, est-ce
que tu t'ennuies? Eh, oui, je parie!

Il y a au moins une heure que
tu es tranquille. Viens, décampons;
j'ai découvert quelque chose de
charmant. »

Et elle m'emmenait battre les
buissons dans le jardin, ou les
pavés dans le cloître, et elle avait
toujours préparé quelque folle surprise pour me divertir. Il n'y avait
pas moyen d'être triste ou seulement rêveuse avec elle, et ce qu'il
y avait de remarquable dans ce
charmant naturel, c'est que son
tourbillonnement ne fatiguait jamais.
Elle vous arrachait à vous-même
et ne vous faisait jamais regretter
de vous être laissée aller. Elle était

pour moi la santé, la vie de l'âme
et du corps. C'était le ciel qui me
l'envoyait, à moi qui avais, qui ai
toujours eu besoin précisément de
l'initiative des autres pour exister.

Je trouvais fort doux d'être aimée ainsi, et je dois ajouter que
cette enfant est dans ma vie le
seul être dont je me sois sen-
tie aimée à toute heure avec la
même intensité et la même placi-
dité.

Comment fit-elle durant deux
années d'intimité pour ne pas se
lasser de moi un seul instant ?
C'est qu'elle avait une libéralité de

cœur tout exceptionnelle. C'est aussi qu'elle avait un esprit peu ordinaire. Elle avait trouvé le secret de me transformer, de me rendre amusante, de m'arracher si bien à mes langueurs et à mes abattements, qu'elle en était venue à me croire vivante comme elle. Elle ne se doutait pas que c'était elle qui me donnait la vie.

On avait au couvent l'enfantine et plaisante habitude d'établir et de respecter le classement de ses amitiés. L'on exigeait cela les unes des autres, ce qui prouve que la femme est née jalouse, et tient à ses droits dans l'affection, à défaut d'autres droits à faire valoir dans la société.

Ainsi on dressait la liste de ses relations plus ou moins intimes; on
les classait par ordre, et les initiales
des quatre ou cinq noms préférés
étaient comme une devise qu'on lisait sur les cahiers, sur les murs,
sur les couvercles de pupitre, comme
autrefois l'on mettait certains chiffres
et certaines couleurs sur ses armes
et sur son palefroi. Quand on avait
donné la première place, on n'avait
pas le droit de la reprendre pour
la donner à une autre. L'ancienneté
faisait loi. Ainsi ma liste de la
grande classe portait invariablement
Isabella Clifford en tête, et puis
Sophie Cary. Quand vint Fannelly,
elle ne put avoir que la troisième
place, et bien que Fannelly n'eût

pas de meilleures amies que moi,
bien qu'elle n'en eût jamais d'autres que les miennes, elle accepta
sans jalousie et sans chagrin cette
troisième place. Après elle, vint
Anna Vié, qui eut la quatrième; et
pendant près d'une année je ne
formai pas d'autres relations. Le
nom de madame Alicia couronnait
toujours la liste, elle brillait seule,
au-dessus, comme mon soleil. Les
initiales de mes quatre compagnes
formaient le mot *Isfa*, que je tra-
çais sur tous les objets à mon usage
dans la classe, comme une formule
cabalistique. Quelquefois je l'entou-
rais d'une auréole de petits *a* pour
signifier qu'Alicia remplissait tout le
reste de mon cœur. Combien de

fois madame Eugénie, qui, avec sa
vue débile, voyait cependant tout,
et mettait son petit nez curieux
dans toutes nos paperasses, s'est-elle
creusé l'esprit pour découvrir ce
que signifiait ce mot mystérieux!
Chacune de nous, ayant quelque lo-
gogriphe du même genre, lui laissait
présumer que nous avions une langue de convention, et qu'à l'aide de
ce langage nous conspirions contre
son autorité. Mais elle interrogeait
vainement. On lui disait que c'étaient
des lettres jetées au hasard pour es-
sayer les plumes. Le mystère est une
si belle chose quand il ne cache aucun secret!

Anna Vié, ma *quatrième*, était

une personne très-intelligente, gaie,
railleuse, malicieuse, la plus spiri-
tuelle du couvent en paroles. Il
était impossible de ne pas se plaire
avec elle. Elle était laide et pauvre,
et les deux disgrâces dont elle riait
sans cesse faisaient son plus grand
charme; orpheline, elle avait pour
tout appui un vieil oncle grec,
M. de Césarini, qu'elle connaissait
peu et craignait beaucoup. Diable
au premier chef, rageuse surtout,
redoutée pour son ironie, elle avait
pourtant un noble et généreux cœur.
Sa gaîté brillante cachait un grand
fonds d'amertume. Son avenir, qui se
présentait toujours à elle sous des
couleurs sombres; son esprit, qui la
faisait craindre plus qu'aimer; ses

14.

pauvres petites robes noires, fanées;
sa petite taille, qui ne se développait point, son teint jaune et bi-
lieux, ses petits yeux étranges, tout
lui était un sujet de plaisanterie
apparente et de douleur secrète. A
cause de cela, on la croyait en-
vieuse des avantages des autres. Cela
n'était point. Elle avait une grande
droiture de jugement, une grande
élévation d'idées, et quand elle vous
aimait assez pour ne plus rire avec
vous, elle pleurait avec noblesse et
s'emparait de votre sympathie. Longtemps nous caressâmes ensemble le
rêve qu'elle viendrait habiter Nohant
quand j'y retournerais. Ma grand'-
mère souriait à ce projet, mais
l'oncle d'Anna, à qui celle-ci en

parla d'abord, ne s'y montra pas
favorable.

Je l'ai revue une ou deux fois
depuis notre séparation. Elle avait
épousé un M. Desparbès de Lussan,
de la famille de madame de Lussan
qui avait été l'amie intime de ma
grand'mère. Anna, mariée, n'était
plus la même personne. Elle avait
grandi, son teint s'était éclairci; sans
être jolie, elle était devenue agréable. Elle habitait la campagne à Ivry.
Son mari n'était ni jeune, ni riche,
ni *avenant*, mais elle s'en louait
beaucoup, et, soit pour lui com-
plaire, soit pour se réconcilier avec
son sort qui ne paraissait pas en-
ivrant, elle était devenue dévote,

de sceptique très-obstinée que je
l'avais connue.

Un autre changement qui m'é-
tonna davantage et qui m'affligea
fut la contrainte et la froideur de
ses manières avec moi. Je n'étais
pourtant pas George Sand alors, et
je ne songeais guère à le devenir.
J'étais encore catholique, et si in-
connue en ce monde que personne
ne songeait à dire du mal de moi.
La réserve de mon ancienne amie
ne m'eût peut-être pas empêchée de
la revoir, car je croyais deviner
qu'elle n'était pas plus heureuse
dans le monde qu'au couvent, et
qu'elle aurait besoin de s'épancher
avec moi quand nous serions seules;

mais je n'habitais point Paris, et
les douze ou treize ans que j'ai passés à Nohant après mon mariage
ont forcément rompu la plupart de
mes relations de couvent. J'ai su
qu'Anna avait perdu son mari après
quelques années de mariage, et je
ne sais pas ce qu'elle est devenue. Puisse-t-elle être heureuse! Elle
avait toujours désespéré de pouvoir
l'être, et pourtant elle le méritait
beaucoup.

Pendant près d'un an, Sophie,
Fannelly, Anna et moi, nous fûmes
inséparables. Je fus le lien entre
elles; car, avant que Sophie m'eût
acceptée pour sa *seconde*, et que les
deux autres m'eussent adoptée pour

leur *première*, elles n'avaient pas
marché ensemble. Notre intimité fut
sans nuages. Je souffrais bien un peu
des fréquentes *indifférences* de Sophie, qui se croyait obligée d'aimer
Isabelle absente plus que moi, tandis que je me croyais obligée d'aimer Isabelle absente et Sophie in-
différente plus que Fannelly et Anna,
qui m'adoraient généreusement. Mais
c'était la règle, la loi. On aurait
cru mériter l'odieuse qualification
d'inconstante si on eût dérangé
l'ordre de la liste. Pourtant je dois
dire à ma justification qu'en dépit
de la liste, en dépit de l'ancienneté, en dépit des promesses échan-
gées, je ne pouvais m'empêcher de
sentir que j'aimais Fannelly plus

que toutes les autres, et je lui faisais souvent cet étrange raisonne-
ment : « Par ma volonté tu n'es
que ma troisième, mais contre ma
volonté tu es ma première et peut-
être ma seule. » Elle riait. « Qu'est-
ce que cela me fait, me disait-elle,
que tu me comptes la troisième, si
tu m'aimes comme je t'aime? va,
ma tante, je ne t'en demande pas
davantage. Je ne suis pas fière, et
j'aime celles que tu aimes. » Isabelle revint de Suisse au bout de
quelques mois, mais elle vint nous
voir pour nous dire adieu, elle
quittait définitivement le couvent.
Elle partait pour l'Angleterre. J'eus
un désespoir complet, d'autant plus
que, tout absorbée par Sophie,

elle s'apercevait à peine de ma présence et se retourna pour dire : « *Qu'a donc cette petite à pleurer comme cela ?* » Je trouvai le mot bien dur; mais comme Sophie lui dit que j'avais été sa consolatrice et qu'elle m'avait prise pour amie, Isabelle s'efforça de me consoler et voulut que je fusse en tiers dans leur promenade. Elle revint nous voir une autre fois, et partit peu de temps après. Elle a fait un riche mariage. Je ne l'ai jamais revue.

Sophie ne se consola pas de cette séparation. Pour moi, dont l'amitié avait été plus courte et moins heureuse, je m'en laissai con-

soler par ma chère Fannelly, et je
fis bien ; car Isabelle n'avait jamais
vu en moi qu'un enfant, et d'ailleurs, elle était peut-être plus sen-
timentale que tendre.

Mon année, presque mes dix-huit
mois de *diablerie* s'écoulèrent comme
un jour et sans que j'en eusse pour
ainsi dire conscience. Sophie et Anna
prétendaient s'ennuyer mortellement
au couvent, et que ce fût un *genre*
ou une réalité, toutes mes compagnes disaient la même chose. Il n'y
avait que les dévotes qui se fussent
interdit la plainte, et elles n'en paraissaient pas plus gaies. Tous ces
enfants avaient été apparemment

bien heureux dans leurs familles.
Celles qui, comme Anna, n'avaient
pas de famille, et dont les jours de
sortie n'étaient rien moins que gais,
rêvaient un monde de plaisirs, de
bals, de délices, de voyages, que
sais-je! tout ce qui était la liberté
et l'absence d'occupations réglées. La
claustration et la règle sont apparemment ce qu'il y a de plus antipathique à l'adolescence.

Pour moi, si je souffris physique-
ment de la claustration, je ne m'en
aperçus pas au moral; mon imagination ne devançait pas les années,
et l'avenir me faisait plus de peur
que d'envie. Je n'ai jamais aimé à
regarder devant moi. L'inconnu m'ef-

fraye, j'aime mieux le passé qui
m'attriste. Le présent est toujours
une sorte de compromis entre ce
que l'on a désiré et ce que l'on a
obtenu. Tel qu'il est, on l'accepte
ou on le subit, on sait qu'on a
déjà subi ou accepté beaucoup de
choses, mais que sait-on de ce qu'on
pourra subir ou accepter le lendemain? Je n'ai jamais voulu me laisser dire ma bonne aventure, je ne
crois certes pas à la divination;
mais l'avenir matériel me paraît
toujours quelque chose de si grave
que je n'aime pas qu'on m'en parle,
même en rébus et en jongleries.
Pour mon compte, je n'ai jamais
fait à Dieu qu'une demande dans
mes prières; c'est d'avoir la force

de supporter ce qui m'arriverait.

Avec cette disposition d'esprit, qui
n'a jamais changé, je me trouvai
donc heureuse au couvent plus
qu'ailleurs; car là, personne ne con-
naissant à fond le passé des autres,
personne ne pouvait parler aux autres de ce qui devait leur arriver.
Les parents parlent toujours de l'a-
venir à leurs enfants. Cet avenir de
leur progéniture, c'est leur continuel
souci, leur tendre et inquiète préoccupation. Ils voudraient l'arranger,
l'assurer; ils y consument toute leur
vie, et pourtant la destinée dément
et déjoue toutes leurs prévisions.
Les enfants ne profitent jamais des
recommandations qu'on leur a faites.

Certain instinct d'indépendance ou de curiosité les pousse même le plus souvent en sens contraire. Les nonnes n'ont pas le même genre de sollicitude pour les enfants qu'elles élèvent. Pour elles, il n'y a pas d'avenir sur la terre. Elles ne voient que le ciel ou l'enfer, et l'avenir, dans leur langage, s'appelle le salut. Avant même d'être dévote, ce genre d'avenir ne m'effrayait pas comme l'autre. Puisque, selon les catholiques, on est libre de choisir entre le salut et la damnation, puisque la grâce n'est jamais en défaut et que la moindre bonne volonté vous jette dans une voie où les anges mêmes daignent marcher devant vous, je me disais avec une

confiance superbe que je ne courais
aucun danger, que j'y penserais
quand je voudrais, et je ne me
pressais pas d'y penser. Je n'étais
pas sensible aux considérations
d'intérêt personnel. Elles n'ont jamais agi sur moi, même en matière
de religion. Je voulais aimer Dieu
pour la seule douceur de l'aimer,
je ne voulais pas avoir peur de lui;
voilà ce que je disais quand on
s'efforçait de m'épouvanter.

Sans réflexion et sans souci de
cette vie et de l'autre, je ne songeais qu'à m'amuser, ou, pour mieux
dire, je ne songeais même pas à
cela; je ne songeais à rien. J'ai

passé les trois quarts de ma vie
ainsi, et pour ainsi dire à l'état la-
tent. Je crois bien que je mourrai
sans avoir réellement songé à vivre,
et pourtant j'aurai vécu à ma manière, car rêver et contempler est
une action insensible qui remplit
parfaitement les heures et occupe
les forces intellectuelles sans les trop
user.

Je vivais donc là sans savoir
comment et toujours prête à m'a-
muser comme l'entendraient mes
amies. Anna aimait à causer, je l'é-
coutais. Sophie était rêveuse et
triste, je m'attachais à ses pas en
silence, ne la troublant pas dans
ses méditations, ne la boudant pas

quand elle revenait à moi. Fannelly
aimait à courir, à rire, à fureter,
à organiser toujours quelque diablerie, je devenais tout feu, tout
joie, tout mouvement avec elle.
Heureusement pour moi, elle s'emparait de moi; Anna nous suivait
par amitié et Sophie par désœuvrement; alors commençaient des escapades et des vagabondages qui
duraient des journées entières. On
se donnait rendez-vous dans un coin
quelconque; Fannelly, dont la petite
bourse était toujours la mieux gar-
nie et qui avait l'art de faire ache-
ter en cachette par le portier tout
ce qu'elle voulait, nous préparait
sans cesse des surprises de gour-
mandise. C'était un melon magni-

fique, des gâteaux, des paniers de
cerises ou de raisins, des beignets,
des pâtés, que sais-je! Elle s'ingé-
niait à nous régaler toujours de
quelque chose d'inattendu et de
prodigieux. Pendant tout un été,
nous ne fûmes nourries que par
contrebande, et quelle folle nourri-
ture! Il fallait avoir quinze ans
pour n'en pas tomber malade. De
mon côté, j'apportais les friandises
que me donnaient madame Alicia et la sœur Thérèse, qui confec-
tionnait elle-même des *dumpleens* et
des *puddings* délicieux, et qui m'appelait dans son laboratoire pour
en bourrer mes poches.

Mettre en commun nos friandises

15.

et les manger en cachette aux heures où l'on ne devait pas manger,
c'était une fête, une partie fine et
des rires inextinguibles, et des saletés
de l'autre monde, comme de lan-
cer au plafond la croûte d'une tarte
aux confitures et de la voir s'y col-
ler avec grâce, de cacher des os de
poulet au fond d'un piano, de se-
mer des pelures de fruit dans les
escaliers sombres pour faire tomber
les personnes graves. Tout cela paraissait énormément spirituel, et l'on
se grisait à force de rire; car en
fait de boisson, nous n'avions que
de l'eau ou de la limonade.

La recherche de la *victime* était
poursuivie avec ardeur, et j'aurais à

raconter bien des déceptions qu'elle nous causa. Mais j'ai déjà raconté trop d'enfantillages et, je le crains, avec trop de complaisance.

Je ne voudrais pourtant pas avoir oublié que mon but, en retraçant mes souvenirs, est d'intéresser mon lecteur au souvenir de sa propre vie. Déchirerai-je les pages qui précèdent comme puériles et sans utilité? Non! la gaieté, l'espièglerie même de l'adolescence, toujours mêlées d'une certaine poésie ou d'une grande activité d'imagination, sont une phase de notre existence que nous ne retraçons jamais sans nous sentir redevenir meilleurs,

quand l'âge a passé sur nos têtes.
L'adolescence est un âge de candeur, de courage et de dévouement
souvent déraisonnable, toujours sincère et spontané; ce que l'âge nous
fait acquérir d'expérience et de jugement est au détriment de cette
ingénuité première, qui ferait de
nous des êtres parfaits si nous la
conservions tout en acquérant la
maturité. Faute de raison, ces tré-
sors de la première jeunesse sont
perdus ou stériles; mais en nous
reportant à ce temps de prodiga-
lité morale, nous reprenons pos-
session de notre véritable richesse,
et nul de nous ne serait capable
d'une mauvaise action s'il avait toujours devant les yeux le spectacle

de sa première innocence. Voilà
pourquoi ces souvenirs sont bons
pour tout le monde comme pour
moi.

Pourtant j'abrége, car si je voulais
rapporter tout ce que je me rappelle avec plaisir et avec une exac-
titude de mémoire, à certains
égards, qui me surprend moi-
même, je remplirais tout un volume. Il suffira de dire que je
passai longtemps dans cet état de
diablerie, ne faisant quoi que ce
soit, si ce n'est d'apprendre un peu
d'italien, un peu de musique, un
peu de dessin, le moins possible,
en vérité. Je m'appliquais seulement à l'anglais, que j'avais hâte

de savoir parce que la moitié de
la vie était manquée au couvent
quand on n'entendait pas cette
langue. Je commençais aussi à vouloir écrire. Nous en avions toutes
la rage, et celles qui manquaient
d'imagination passaient leur temps
à s'écrire des lettres les unes aux
autres : lettres parfois charmantes
de tendresse et de naïveté, que
l'on nous interdisait sévèrement
comme si c'eût été des billets doux,
mais que la prohibition rendait
plus actives et plus ardentes.

Disons en passant que la grande
erreur de l'éducation monastique
est de vouloir exagérer la chasteté.

On nous défendait de nous promener deux à deux, il fallait être au moins trois; on nous défendait de nous embrasser; on s'inquiétait de nos correspondances innocentes, et tout cela nous eût donné à penser si nous eussions eu en nous-mêmes seulement le germe des mauvais instincts qu'on nous supposait apparemment. Je sais que j'en eusse été fort blessée, pour ma part, si j'eusse compris le motif de ces prescriptions bizarres. Mais la plupart d'entre nous, élevées simplement et chastement dans leurs familles, n'attribuaient ce système de réserve excessive qu'à l'esprit de dévotion, qui restreint l'élan des affections humaines en vue d'un amour exclusif pour le Créateur.

Je commençais donc à écrire, et
mon premier essai, comme celui
de tous les jeunes cerveaux, prit la
forme de l'alexandrin. Je connaissais les règles de la versification et
j'y avais toujours fait, contre Deschartres, une opposition obstinée :
j'avais parfaitement tort; il n'y a
pas de milieu entre la prose libre
et le vers régulier. Je prétendais
trouver un terme moyen, rimer de
la prose et conserver une sorte de
rhythme, sans me soucier de la
rime et de la césure. Enfin je
prenais mes aises, prétendant que
la règle était trop rigoureuse et
gênait l'élan de la pensée. Je fis

ainsi beaucoup de prétendus vers
qui eurent grand succès au couvent, où l'on n'était pas difficile, il
faut l'avouer. Ensuite il me prit
fantaisie d'écrire un roman, et bien
que je ne fusse pas du tout dévote
alors, ce fut un roman chrétien et
dévot.

Ce prétendu roman était plutôt
une nouvelle, car il n'avait qu'une
centaine de pages. Le héros et l'héroïne se rencontraient, un soir,
dans la campagne, aux pieds d'une
madone où ils faisaient leurs prières. Ils s'admiraient et s'édifiaient
l'un l'autre; mais, quoiqu'il fût de
règle qu'ils devinssent amoureux l'un
de l'autre, ils ne le devinrent pas.

J'avais résolu, par les conseils de
Sophie, de les amener à s'aimer;
mais quand j'en fus là, quand je
les eus décrits beaux et parfaits
tous les deux, dans un site en-
chanteur, au coucher du soleil, à
l'entrée d'une chapelle gothique om-
bragée de grands chênes, jamais je
ne pus dépeindre les premières
émotions de l'amour. Cela n'était
point en moi, il ne me vint pas
un mot. J'y renonçai. Je les fis ardemment pieux, quoique la piété ne
fût pas plus en moi que l'amour;
mais je la comprenais, parce que
j'en avais le spectacle sous les yeux,
et peut-être d'ailleurs le germe de
cet amour-là commençait-il à éclore
en moi à mon insu. Tant il y a,

que mes deux jeunes gens, après
plusieurs chapitres de voyages et
d'aventures que je ne me rappelle
pas du tout, se consacrèrent à Dieu
chacun de son côté, la demoiselle
prit le voile, et le héros se fit
prêtre.

Sophie et Anna trouvèrent mon
roman *bien écrit* et les détails leur
plurent. Mais elles déclaraient que
Fitz Gérald (c'était le nom du héros)
était un personnage fort ennuyeux,
et que l'héroïne n'était guère plus
divertissante. Il y avait une mère
qui leur plut davantage; mais, en
somme, ma prose eut moins de
succès que mes vers, et ne me
charma point moi-même. Je fis un

autre roman, un roman pastoral,
que je jugeai plus mauvais que le
premier et dont j'allumai le poêle
un jour d'hiver. Puis je cessai d'é-
crire, jugeant que cela ne pourrait
jamais m'amuser, et trouvant qu'en
comparaison de l'infinie jouissance
morale que j'avais goûtée à composer sans écrire, tout serait à jamais
stérile et glacé pour moi.

Je continuais toujours, sans l'avoir
jamais confié à personne, mon éternel poëme de *Corambé*. Mais c'était à
bâtons rompus, car au couvent,
comme je l'ai dit, le roman était
en action, et le sujet, c'était la
victime du souterrain, sujet bien
plus émouvant que toutes les fictions

possibles, puisque nous prenions
cette fiction au sérieux.

Ma grand'mère vint au milieu du
second hiver que je passai au couvent. Elle repartit deux mois après,
et je sortis, en tout, cinq ou six
fois. Ma tenue de pensionnaire ne
lui plut pas mieux que ma tenue
de campagnarde. Je ne m'étais nullement formée aux belles manières.
J'étais plus distraite que jamais. Les
leçons de danse de M. Abraham,
ex-professeur de grâces de Marie-
Antoinette, ne m'avaient donné aucune espèce de grâce. Cependant
M. Abraham faisait son possible
pour nous donner une tenue de
cour. Il arrivait en habit carré,

jabots de mousseline, cravate blanche
à longs bouts, culotte courte et bas
de soie noirs, souliers à boucles,
perruque à bourse et à frimas, le
diamant au doigt, la pochette en
main. Il avait environ quatre-vingts
ans, toujours mince, gracieux, élé-
gant, une jolie tête ridée, veinée de
rouge et de bleu sur un fond jaune,
comme une vieille feuille nuancée
par l'automne, mais fine et distinguée. C'était le meilleur homme du
monde, le plus poli, le plus solen-
nel, le plus convenable. Il donnait
leçon par première et seconde divi-
sion de quinze ou vingt élèves chacun, dans le grand parloir de la supérieure, dont nous franchissions la
grille à cette occasion. Là, M. Abra-

ham nous démontrait la grâce par
raison géométrique, et après les pas
d'usage il s'installait dans un fauteuil et nous disait : « Mesdemoiselles, je suis le roi, ou la reine,
et comme vous êtes toutes appelées,
sans doute, à être présentées à la
cour, nous allons étudier les entrées,
les révérences et les sorties de la
présentation. »

D'autres fois, on étudiait des so-
lennités plus habituelles, on représentait un salon de graves personnages. Le professeur faisait asseoir
les unes, entrer et sortir les autres,
montrait la manière de saluer la
maîtresse de la maison, puis la
princesse, la duchesse, la marquise,

XII.   16

la comtesse, la vicomtesse, la ba-
ronne et la présidente, chacune dans
la mesure de respect ou d'empres-
sement réservée à sa qualité. On
figurait aussi le prince, le duc, le
marquis, le comte, le vicomte, le
baron, le chevalier, le président, le
vidame et l'abbé. M. Abraham faisait tous ces rôles et venait saluer
chacune de nous, afin de nous apprendre comment il fallait répondre
à toutes ces révérences, reprendre
le gant ou l'éventail offert, sourire,
traverser l'appartement, s'asseoir,
changer de place, que sais-je! Tout
était prévu, même la manière d'é-
ternuer, dans ce code de la poli-
tesse française. Nous pouffions de
rire, et nous faisions exprès mille

balourdises pour le désespérer. Puis,
vers la fin de la leçon, pour le ren-
voyer content, le brave homme (car
il y avait barbarie à contrarier tant
de douceur et de patience), nous
affections toutes les grâces et toutes
les mines qu'il nous demandait. C'é-
tait pour nous une comédie que
nous avions bien de la peine à
jouer sans lui rire au nez, mais qui
nous apprenait à jouer la comédie
tant bien que mal. Il faut croire
que la grâce du temps du père
Abraham était bien différente de
celle d'aujourd'hui; car, plus nous
nous rendions à dessein ridicules et
affectées, plus il était satisfait, plus
il nous remerciait de notre bonne
volonté.

16.

Malgré tant de soins et de théo-
rie, je me tenais toujours voûtée,
j'avais toujours des mouvements brus-
ques, des allures naturelles, l'hor-
reur des gants et des profondes
révérences. Ma bonne maman me
grondait vraiment trop pour ces
vices-là. Elle grondait à sa manière,
l'excellente femme, d'une voix douce
et avec des paroles caressantes.
Mais il me fallait un grand effort
sur moi-même pour cacher l'ennui
et l'impatience que me causaient
ces perpétuels petits mécontente-
ments. J'eusse tant voulu lui agréer!
Je n'en venais point à bout. Elle
me chérissait, elle ne vivait que
pour moi, et il semblait qu'il y eût
dans ma simplicité et dans ma

malheureuse absence de coquetterie
quelque chose qu'elle ne pût accepter, quelque chose d'antipathique
qu'elle ne pouvait vaincre, peut-être
une sorte de vice originel qui sentait le peuple en dépit de tous ses
soins. Pourtant je n'étais pas *bu-*
torde; ma nature calme et portée à
la confiance ne me poussait point
à des manières importunes ou gros-
sières. J'étais préoccupée la plupart
du temps Dieu sait de quoi, de rien
peut-être le plus souvent. Je n'avais
pas de causerie avec ma grand'mère.
De quoi parler? De nos folies, de
nos souterrains, de nos paresses, de
nos amitiés de couvent? C'était toujours la même chose, et je ne
portais pas mes regards sur le

monde et sur l'avenir dont elle eût
voulu me voir préoccupée. On me
présentait déjà des jeunes gens à
marier, et je ne m'en apercevais
pas. Quand ils étaient sortis, on
me demandait comment je les avais
trouvés, et il se trouvait que je ne
les avais pas regardés. On me grondait d'avoir pensé à autre chose
pendant qu'ils étaient là, à une
partie de barres ou à un achat
de balles élastiques qui me trottait
par la cervelle. Je n'étais pas une
nature précoce; j'avais parlé tard
dans ma première enfance, tout le
reste fut à l'avenant : ma force
physique s'était développée rapidement; j'avais l'air d'une demoiselle,
mais mon cerveau, tout engourdi,

tout replié sur lui-même, faisait de moi
un enfant, et loin de m'aider à m'endormir dans cette grâce d'état, on cherchait à faire de moi une personne.

Cette grande sollicitude de ma
bonne maman venait d'un grand
fonds de tendresse. Elle se sentait
vieillir et mourir peu à peu. Elle
voulait me marier, m'attacher au
monde, s'assurer que je ne tombe-
rais pas sous la tutelle de ma mère;
et, dans la crainte de n'en avoir
pas le temps, elle s'efforçait de
m'inspirer la religion du monde, la
méfiance pour ma famille maternelle, l'éloignement pour le milieu
plébéien où elle tremblait de me
laisser retomber en me quittant.

Mon caractère, mes sentiments et mes idées se refusaient à la seconder. Le respect et l'amour enchaînaient ma langue. Elle me prenait tantôt pour une sotte, tantôt pour une rusée. Je n'étais ni l'une ni l'autre. Je l'aimais, et je souffrais en silence.

Ma mère semblait avoir renoncé à m'aider dans cette lutte muette et douloureuse. Elle raillait toujours le grand monde, me caressait beaucoup, m'admirait comme un prodige, et se préoccupait peu de mon avenir. Il semblait qu'elle eût accepté pour elle-même un avenir dont je ne faisais plus partie essentielle. Je me sentais navrée de cette

sorte d'abandon, après la passion
dont elle m'avait fait vivre dans
mon enfance. Elle ne m'emmenait
plus chez elle. Je vis ma sœur une
ou deux fois en deux ou trois ans.
Mes jours de sortie étaient remplis
de visites que ma grand'mère me
faisait faire avec elle à ses *vieilles
comtesses*. Elle voulait apparemment
les intéresser à ma jeunesse, me
créer des relations, des appuis, parmi celles qui lui survivraient. Ces
dames continuaient à m'être antipa-
thiques, la seule madame de Par-
daillan exceptée. Le soir, nous
dinions ou chez les cousins Ville-
neuve ou chez l'oncle Beaumont. Il
fallait rentrer à l'heure où je commençais à me mettre à l'aise avec

ma famille. Mes jours de sortie
étaient donc lugubres. Le matin,
joyeuse et empressée, j'arrivais *chez
nous* le cœur plein d'élan et d'impatience. Au bout de trois heures,
je devenais triste. Je l'étais davantage en faisant mes adieux; au
couvent seulement je retrouvais du
calme et de la gaieté.

L'événement intérieur qui me
donna le plus de contentement
fut d'obtenir enfin une cellule. Toutes les demoiselles de la grande
classe en avaient; moi seule je restai
longtemps au dortoir, parce qu'on
craignait mon tapage nocturne. On
souffrait mortellement, dans ce dortoir placé sous les toits, du froid

en hiver, de la chaleur en été. On
y dormait mal, parce qu'il y avait
toujours quelque petite qui criait
de peur ou de colique au milieu
de la nuit. Et puis, n'être pas *chez
soi*, ne pas se sentir seul une heure
dans la journée ou dans la nuit,
c'est quelque chose d'antipathique
pour ceux qui aiment à rêver et à
contempler. La vie en commun est
l'idéal du bonheur entre gens qui
s'aiment. Je l'ai senti au couvent,
je ne l'ai jamais oublié; mais il faut
à tout être pensant ses heures de
solitude et de recueillement. C'est à
ce prix seulement qu'il goûte la
douceur de l'association.

La cellule qu'on me donna enfin

fut la plus mauvaise du couvent.
C'était une mansarde située au bout
du corps de bâtiment qui touchait
à l'église. Elle était contiguë à une
toute semblable occupée par Coralie
le Marrois, personne austère, pieuse,
craintive et simple dont le voisinage
devait, pensait-on, me tenir en
respect. Je fis bon ménage avec
elle, malgré la différence de nos
goûts; j'eus soin de ne pas troubler
sa prière ou son sommeil, et de
décamper sans bruit pour aller sur
le palier trouver Fannelly et d'autres
babilleuses, avec qui l'on errait une
partie de la nuit dans le grenier
aux oignons et dans les tribunes de
l'orgue. Il nous fallait passer devant
la chambre de Marie-Josèphe, la

bonne du couvent; mais elle avait
un excellent sommeil.

Ma cellule avait environ dix pieds
de long sur six de large. De mon
lit, je touchais avec ma tête le
plafond en soupente. La porte, en
ouvrant, rasait la commode placée
vis-à-vis, auprès de la fenêtre, et
pour fermer la porte il fallait entrer dans l'embrasure de cette fenêtre, composée de quatre petits
carreaux, et donnant sur une gouttière en auvent qui me cachait la
vue de la cour. Mais j'avais un horizon magnifique. Je dominais une
partie de Paris par-dessus la cime
des grands marronniers du jardin.
De vastes espaces de pépinières et

de jardins potagers s'étendaient autour de notre enclos. Sauf la ligne
bleue de monuments et de maisons
qui fermait l'horizon, je pouvais me
croire, non pas à la campagne,
mais dans un immense village. Le
campanile du couvent et les con-
structions basses du cloître servaient
de repoussoir au premier plan. La
nuit, au clair de la lune, c'était un
tableau admirable. J'entendais sonner de près l'horloge, et j'eus quelque peine à m'y habituer pour
dormir, mais peu à peu ce fut un
plaisir pour moi d'être doucement
réveillée par ce timbre mélanco-
lique, et d'entendre au loin les
rossignols reprendre bientôt après
leur chant interrompu.

Mon mobilier se composait d'un lit en bois peint, d'une vieille commode, d'une chaise de paille, d'un méchant tapis de pied, et d'une petite harpe Louis XV, extrêmement jolie, qui avait brillé jadis entre les beaux bras de ma grand'mère, et dont je jouais un peu en chantant. J'avais la permission d'étudier cette harpe dans ma cellule; c'était un prétexte pour y passer tous les jours une heure en liberté, et, quoique je n'étudiasse pas du tout, cette heure de solitude et de rêverie me devint précieuse. Les moineaux, attirés par mon pain, entraient sans frayeur chez moi et venaient manger jusque sur mon lit. Quoique cette pauvre cellule fût

un four en été, et littéralement une
glacière en hiver (l'humidité des
toits se gelant en stalactites à mon
plafond disjoint), je l'ai aimée avec
passion, et je me souviens d'en avoir
ingénument baisé les murs en la
quittant, tellement je m'y étais atta-
chée. Je ne saurais dire quel monde
de rêveries semblait lié pour moi à
cette petite niche poudreuse et misérable. C'est là seulement que je
me retrouvais et que je m'appar-
tenais à moi-même. Le jour, je
n'y pensais à rien; je regardais les
nuages, les branches des arbres,
le vol des hirondelles. La nuit,
j'écoutais les rumeurs lointaines et
confuses de la grande cité qui venaient comme un râle expirant se

mêler aux bruits rustiques du faubourg. Dès que le jour paraissait,
les bruits du couvent s'éveillaient et
couvraient fièrement ces mourantes
clameurs. Nos coqs se mettaient à
chanter, nos cloches sonnaient ma-
tines; les merles du jardin répé-
taient à satiété leur phrase matinale;
puis les voix monotones des religieuses psalmodiaient l'office et
montaient jusqu'à moi à travers
les couloirs et les mille fissures
de la masure sonore. Les pour-
voyeurs de la maison élevaient dans
la cour, située en précipice au-
dessous de moi, des voix rauques
et rudes qui contrastaient avec celles
des nonnes, et enfin l'appel strident
de l'éveilleuse Marie-Josèphe courant

de chambre en chambre, et faisant
grincer les verrous des dortoirs, mettait fin à ma contemplation auditive.

Je dormais peu. Je n'ai jamais su
dormir à point. Je n'en avais envie
que quand il fallait songer à s'é-
veiller. Je rêvais à Nohant; c'était
devenu dans ma pensée un paradis,
et cependant je n'avais point de hâte
d'y retourner, et quand ma grand'-
mère prononça que je n'aurais pas
de vacances, parce que, ne devant
pas rester de nombreuses années au
couvent, il les fallait faire aussi
complètes que possible pour mes
études, je me soumis sans chagrin,
tant je craignais de retrouver à

Nohant les chagrins qui me l'avaient
fait quitter sans regret.

Ces études, auxquelles ma bonne
maman sacrifiait le plaisir de me
voir, étaient à peu près nulles. Elle
ne tenait qu'aux leçons d'agrément,
et depuis que j'étais diable, je n'aimais plus à m'occuper. Cela m'en-
nuyait bien quelquefois, cette oisi-
veté errante, mais le moyen de s'en
déshabituer quand on s'y est laissé
longtemps endormir!

Enfin vint le temps où une
grande révolution devait s'opérer en
moi. Je devins dévote : cela se fit
tout d'un coup, comme une passion
qui s'allume dans une âme igno-

17.

rante de ses propres forces. J'avais
épuisé pour ainsi dire la paresse et
la complaisance envers mes diables,
le mouvement, la rébellion muette
et systématique contre la discipline.
Le seul amour violent dont j'eusse
vécu, l'amour filial, m'avait comme
lassée et brisée. J'avais une sorte de
culte pour madame Alicia, mais
c'était un amour tranquille; il me
fallait une passion ardente. J'avais
quinze ans. Tous mes besoins étaient
dans mon cœur, et mon cœur s'en-
nuyait, si l'on peut ainsi parler. Le
sentiment de la personnalité ne s'é-
veillait pas en moi. Je n'avais pas
cette sollicitude immodérée pour
ma personne, que j'ai vue se développer à l'âge que j'avais alors chez

presque toutes les jeunes filles que
j'ai connues. Il me fallait aimer
hors de moi, et je ne connaissais
rien sur la terre que je pusse aimer de toutes mes forces.

Cependant je ne cherchai point
Dieu. L'idéal religieux, et ce que
les chrétiens appellent la grâce, vint
me trouver et s'emparer de moi
comme par surprise. Les sermons
des nonnes et des maîtresses n'a-
girent aucunement sur moi. Madame Alicia elle-même ne m'in-
fluença point d'une manière sensible.
Voici comment la chose arriva; je
la raconterai sans l'expliquer, car
il y a dans ces soudaines transfor-
mations de notre esprit un mystère

qu'il ne nous appartient pas toujours de pénétrer nous-mêmes.

Nous entendions tous les matins
la messe, à sept heures; nous re-
tournions à l'église à quatre heures
et nous y passions une demi-heure,
consacrée pour les pieuses à la méditation, à la prière ou à quelque
sainte lecture. Les autres bâillaient,
sommeillaient, ou chuchotaient
quand la maîtresse n'avait pas les
yeux sur elles. Par désœuvrement,
je pris un livre qu'on m'avait donné
et que je n'avais pas encore daigné
ouvrir. Les feuillets étaient collés
encore par l'enluminage de la tran-
che; c'était un abrégé de la Vie des

saints. J'ouvris au hasard. Je tombai
sur la légende excentrique de saint
Siméon le Stylite, dont Voltaire
s'est beaucoup moqué, et qui res-
semble à l'histoire d'un fakir indien
plus qu'à celle d'un philosophe
chrétien. Cette légende me fit sourire d'abord, puis son étrangeté me
surprit, m'intéressa; je la relus plus
attentivement, et j'y trouvai plus
de poésie que d'absurdité. Le lendemain je lus une autre histoire,
et le surlendemain j'en dévorai
plusieurs avec un vif intérêt. Les
miracles me laissaient incrédule,
mais la foi, le courage, le stoïcisme
des confesseurs et des martyrs m'ap-
paraissaient comme de grandes choses et répondaient à quelque fibre

secrète qui commençait à vibrer en
moi.

Il y avait au fond du chœur un
superbe tableau du Titien que je
n'ai jamais pu bien voir. Placé trop
loin des regards et dans un coin
privé de lumière, comme il était
très-noir par lui-même, on ne dis-
tinguait que des masses d'une couleur chaude sur un fond obscur. Il
représentait Jésus au jardin des
Olives au moment où il tombe dé-
faillant dans les bras de l'ange. Le
Sauveur était affaissé sur ses genoux, un de ses bras étendu sur
ceux de l'ange qui soutenait sur sa
poitrine cette belle tête éperdue et
mourante. Ce tableau était placé

vis-à-vis de moi, et à force de le
regarder je l'avais deviné plutôt
que compris. Il y avait un seul
moment dans la journée où j'en
saisissais à peu près les détails, c'é-
tait, en hiver, lorsque le soleil sur
son déclin jetait un rayon sur la
draperie rouge de l'ange et sur le
bras nu et blanc du Christ. Le
miroitement du vitrage rendait
éblouissant ce moment fugitif, et
à ce moment-là j'éprouvais toujours une émotion indéfinissable,
même au temps où je n'étais pas
dévote et où je ne pensais pas de-
voir jamais le devenir.

Tout en feuilletant la Vie des
saints, mes regards se reportèrent

plus souvent sur le tableau; c'était
en été, le soleil couchant ne l'illu-
minait plus à l'heure de notre
prière, mais l'objet contemplé n'é-
tait plus aussi nécessaire à ma vue
qu'à ma pensée. En interrogeant
machinalement ces masses grandioses
et confuses, je cherchais le sens de
cette agonie du Christ, le secret de
cette douleur volontaire si cuisante,
et je commençais à y pressentir
quelque chose de plus grand et de
plus profond que ce qui m'avait été
expliqué; je devenais profondément
triste moi-même et comme navrée
d'une pitié, d'une souffrance incon-
nues. Quelques larmes venaient au
bord de ma paupière, je les essuyais
furtivement, ayant honte d'être émue

sans savoir pourquoi. Je n'aurais
pas pu dire que c'était la beauté
de la peinture, puisqu'on la voyait
tout juste assez pour pouvoir dire
que cela avait l'air de quelque
chose de beau.

Un autre tableau, plus visible et
moins digne d'être vu, représentait
saint Augustin sous le figuier, avec
le rayon miraculeux sur lequel était
écrit le fameux *Tolle, lege,* ces mystérieuses paroles que le fils de Monique crut entendre sortir du feuil-
lage et qui le décidèrent à ouvrir
le livre divin des Évangiles. Je cherchai la Vie de saint Augustin, qui
m'avait été vaguement racontée au

convent, où ce saint, patron de
l'ordre, était en particulière vénération. Je me plus extraordinaire-
ment à cette histoire, qui porte
avec elle un grand caractère de
sincérité et d'enthousiasme. De là,
je passai à celle de saint Paul, et le
cur me persequeris? me fit une impression terrible. Le peu de latin
que Deschartres m'avait appris me
servait à comprendre une partie
des offices, et je me mis à les
écouter et à trouver dans les psau-
mes récités par les religieuses une
poésie et une simplicité admirables.
Enfin il se passa tout à coup huit
jours où la religion catholique
m'apparut comme une étude inté-
ressante.

Le *Tolle, lege,* me décida enfin à
ouvrir l'Évangile et à le relire attentivement. La première impression ne
fut pas vive. Le livre divin n'avait
point l'attrait de la nouveauté. Déjà
j'en avais goûté le côté simple et
admirable; mais ma grand'mère avait
si bien conspiré pour me faire trouver les miracles ridicules, et elle
m'avait tant répété les facéties de
Voltaire sur l'esprit malin, trans-
porté du corps d'un possédé à celui
d'un troupeau de cochons, enfin elle
m'avait si bien mise en garde contre
l'entraînement, que je me défendis
par habitude et restai froide en re-
lisant l'agonie et la mort de Jésus.

Le soir de ce même jour, je bat-

tais tristement le pavé des cloîtres,
à la nuit tombante. On était au jardin, j'étais hors de la vue des sur-
veillantes, en fraude comme toujours;
mais je ne songeais pas à faire
d'espiègleries, et ne souhaitais point
me trouver avec mes camarades. Je
m'ennuyais. Il n'y avait plus rien à
inventer en fait de diablerie. Je vis
passer quelques religieuses et quelques pensionnaires qui allaient prier
et méditer dans l'église isolément,
comme c'était la coutume des plus
ferventes aux heures de récréation.
Je songeai bien à verser de l'encre
dans le bénitier; mais cela avait été
fait : à pendre Whisky par la patte
à la corde de la sonnette des cloîtres : c'était usé. Je m'avouai que

mon existence désordonnée touchait
à sa fin, qu'il me fallait entrer dans
une nouvelle phase : mais laquelle ?
Devenir *sage* ou *bête ?* Les sages
étaient trop froides, les bêtes trop
lâches. Mais les dévotes, les ferventes, étaient-elles heureuses ? Non,
elles avaient la dévotion sombre et
comme malade. Les *diables* leur
créaient mille contrariétés, mille
indignations, mille colères mal ren-
trées. Leur vie était un supplice,
une lutte entre le ridicule et le
relâchement. D'ailleurs il en est de
la foi comme de l'amour. Quand
on la cherche, on ne la trouve pas,
on la trouve au moment où l'on
s'y attend le moins. Je ne savais
pas cela, mais ce qui m'éloignait

de la dévotion, c'était la crainte d'y
arriver par un esprit de calcul, par
un sentiment d'intérêt personnel.

« D'ailleurs n'a pas la foi qui veut,
me disais-je. Je ne l'ai pas, je ne
l'aurai jamais. J'ai fait aujourd'hui
le dernier effort : j'ai lu le livre
même, la vie et la doctrine du Ré-
dempteur! je suis restée calme. Mon
cœur restera vide. »

En devisant ainsi avec moi-même,
je regardais passer dans l'obscurité,
comme des spectres, des ferventes
qui s'en allaient furtivement répan-
dre leurs âmes aux pieds de ce
Dieu d'amour et de contrition. La
curiosité me vint de savoir dans

quelle attitude et avec quel recueillement elles priaient ainsi dans la
solitude; par exemple, une vieille
locataire bossue qui s'en allait,
toute petite et difforme, dans les
ténèbres, plus semblable à une sorcière courant au sabbat qu'à une
vierge sage! « Voyons, me dis-je,
comment ce petit monstre va se
tordre sur son banc! Cela fera rire
les diables quand je leur en ferai
la description. »

Je la suivis, je traversai avec elle
la salle du chapitre, j'entrai dans
l'église. On n'y allait point à ces
heures-là sans permission, et c'est
ce qui me décida à y aller. Je ne
dérogeais point à ma dignité de

diable en entrant là par contrebande. Il est assez curieux que la
première fois que j'entrai de mon
propre mouvement dans une église,
ce fut pour faire acte d'indiscipline
et de moquerie.

CHAPITRE QUATORZIÈME.

Tolle, tege. — La lampe du sanctuaire. — Invasion
étrange du sentiment religieux.

18.

A peine eus-je mis le pied dans
l'église, que j'oubliai ma vieille bossue. Elle trotta et disparut comme
un rat dans je ne sais quelle fente
de la boiserie. Mes regards ne la
suivirent pas. L'aspect de l'église
pendant la nuit m'avait saisie et

charmée. Cette église, ou plutôt
cette chapelle, n'avait rien de remarquable, qu'une propreté exquise.
C'était un grand carré long, sans
architecture, tout blanchi à neuf,
et plus semblable, pour la simplicité, à un temple anglican qu'à une
église catholique. Il y avait, comme
je l'ai dit, quelques tableaux au
fond du chœur; l'autel, fort modeste, était orné de beaux flam-
beaux, de fleurs toujours fraîches
et de jolies étoffes. La nef était di-
visée en trois parties : le chœur,
où n'entraient que les prêtres et
quelques personnes du dehors par
permission spéciale, aux jours de
fête [1]; l'avant-chœur, où se tenaient

---

[1] Quelquefois les mêmes prêtres qui officiaient,

les pensionnaires, les servantes et
les locataires; l'arrière-chœur ou le
chœur des dames, où se tenaient

tantôt dans notre chapelle, tantôt dans celle des
Écossais, amenaient chez nous, pour servir la
messe, quelque pieux élève, fier de remplir l'office d'enfant de chœur. Je me souviens d'avoir vu
là plusieurs fois, sous la robe de pourpre et le
blanc surplis, le frère d'une de nos plus belles
compagnes, qui était aussi un des plus beaux garçons du collége voisin. C'était celui qu'on a appelé depuis dans le monde le *beau Dorsay*, et
que je n'ai connu que peu de temps avant sa mort,
alors que, plein de généreuse sollicitude pour les
victimes politiques, jusque sur son lit d'agonie, il
était le noble et courageux Dorsay. Sa sœur, la
belle et bonne Ida Dorsay, était sortie du couvent
lorsque j'y entrai, mais elle y venait souvent voir
ses anciennes amies. Elle a épousé le comte de
Guiche; elle est aujourd'hui duchesse de Grammont.

les religieuses. Ce dernier sanctuaire
était parqueté, ciré tous les matins,
de même que les stalles des nonnes
qui suivaient en hémicycle la muraille du fond, et qui étaient en
beau noyer brillant comme une
glace. Une grille de fer à petites
croisures, avec une porte semblable
qu'on ne fermait pourtant jamais
entre les religieuses et nous, séparait ces deux nefs. De chaque côté
de cette porte, de lourds piliers de
bois cannelés d'un style rococo,
soutenaient l'orgue et la tribune
découverte qui formait comme un
jubé élevé entre les deux parties de
l'église. Ainsi, contre l'usage, l'orgue
se trouvait isolé et presque au centre
du vaisseau, ce qui doublait la so-

norité et l'effet des voix quand nous
chantions des chœurs ou des mo-
tets aux grandes fêtes. Notre avant-
chœur était pavé de sépultures, et
sur les grandes dalles on lisait
l'épitaphe des antiques doyennes du
couvent, mortes avant la révolution,
plusieurs personnages ecclésiastiques
et même laïques du temps de
Jacques Stuart, certains *Throck-*
morton, entre autres, gisaient là sous
nos pieds, et l'on disait que quand
on allait dans l'église à minuit, tous
ces morts soulevaient leurs dalles
avec leurs têtes décharnées, et vous
regardaient avec des yeux ardents
pour vous demander des prières.

Pourtant, malgré l'obscurité qui

régnait dans l'église, l'impression
que j'y ressentis n'eut rien de lu-
gubre. Elle n'était éclairée que par
la petite lampe d'argent du sanctuaire, dont la flamme blanche se
répétait dans les marbres polis du
pavé, comme une étoile dans une
eau immobile. Son reflet détachait
quelques pâles étincelles sur les an-
gles des cadres dorés, sur les flam-
beaux ciselés de l'autel et sur les
lames d'or du tabernacle. La porte
placée au fond de l'arrière-chœur
était ouverte à cause de la chaleur,
ainsi qu'une des grandes croisées qui
donnaient sur le cimetière. Les par-
fums du chèvrefeuille et du jasmin
couraient sur les ailes d'une fraîche
brise. Une étoile perdue dans l'im-

mensité était comme encadrée par
le vitrage et semblait me regarder
attentivement. Les oiseaux chan-
taient, c'était un calme, un charme,
un recueillement, un mystère, dont
je n'avais jamais eu l'idée.

Je restai en contemplation sans
songer à rien. Peu à peu les rares
personnes éparses dans l'église se
retirèrent doucement. Une religieuse
agenouillée au fond de l'arrière-
chœur resta la dernière, puis ayant
assez médité, et voulant lire, elle
traversa l'avant-chœur et vint allu-
mer une petite bougie à la lampe
du sanctuaire. Lorsque les religieuses
entraient là, elles ne se bornaient
pas à saluer en pliant le genou jus-

qu'à terre, elles se prosternaient littéralement devant l'autel, et restaient
un instant comme écrasées, comme
anéanties devant le Saint des saints.
Celle qui vint en ce moment était
grande et solennelle. Ce devait être
madame Eugénie, madame Xavier
ou madame Monique. Nous ne pouvions guère reconnaître ces dames
à l'église, parce qu'elles n'y entraient
que le voile baissé et la taille en-
tièrement cachée sous un grand
manteau d'étamine noire qui trai-
nait derrière elles.

Ce costume grave, cette démarche
lente et silencieuse, cette action simple mais gracieuse d'attirer à elle la

lampe d'argent en élevant le bras
pour en saisir l'anneau, le reflet
que la lumière projeta sur sa grande
silhouette noire lorsqu'elle fit remonter la lampe, sa longue et
profonde prosternation sur le pavé
avant de reprendre dans le même
silence et avec la même lenteur le
chemin de sa stalle, tout, jusqu'à
l'incognito de cette religieuse qui
ressemblait à un fantôme prêt à
percer les dalles funéraires pour
rentrer dans sa couche de marbre,
me causa une émotion mêlée de
terreur et de ravissement. La poésie
du saint lieu s'empara de mon imagination, et je restai encore après
que la nonne eut fait sa lecture et
se fut retirée.

L'heure s'avançait, la prière était sonnée, on allait fermer l'église. J'avais tout oublié. Je ne sais ce qui se passait en moi. Je respirais une atmosphère d'une suavité indicible, et je la respirais par l'âme plus encore que par les sens. Tout à coup je ne sais quel ébranlement se produisit dans tout mon être, un vertige passe devant mes yeux comme une lueur blanche dont je me sens enveloppée. Je crois entendre une voix murmurer à mon oreille : *Tolle, lege.* Je me retourne, croyant que c'est Marie Alicia qui me parle. J'étais seule.

Je ne me fis pas d'orgueilleuse

illusion, je ne crus point à un
miracle. Je me rendis fort bien
compte de l'espèce d'hallucination
où j'étais tombée. Je n'en fus ni
enivrée ni effrayée. Je ne cherchai
ni à l'augmenter ni à m'y soustraire.
Seulement, je sentis que la foi
s'emparait de moi, comme je l'avais
souhaité, par le cœur. J'en fus si
reconnaissante, si ravie, qu'un torrent de larmes inonda mon visage.
Je sentis encore que j'aimais Dieu,
que ma pensée embrassait et acceptait pleinement cet idéal de justice,
de tendresse et de sainteté que je
n'avais jamais révoqué en doute,
mais avec lequel je ne m'étais jamais trouvée en communication di-
recte; je sentis enfin cette com-

munication s'établir soudainement,
comme si un obstacle invincible se
fût abîmé entre le foyer d'ardeur
infinie et le feu assoupi dans mon
âme. Je voyais un chemin vaste,
immense, sans bornes, s'ouvrir devant moi; je brûlais de m'y élancer.
Je n'étais plus retenue par aucun
doute, par aucune froideur. La
crainte d'avoir à me reprendre, à
railler en moi-même au lendemain
la fougue de cet entraînement ne
me vint pas seulement à la pensée.
J'étais de ceux qui vont sans regarder derrière eux, qui hésitent
longtemps devant un certain Rubicon
à passer, mais qui, en touchant la
rive, ne voient déjà plus celle qu'ils
viennent de quitter.

« Oui, oui, le voile est déchiré, me disais-je, je vois rayonner le ciel, j'irai! Mais avant tout, rendons grâce!

» A qui, comment? Quel est ton nom? disais-je encore au Dieu inconnu qui m'appelait à lui. Comment te prierai-je? Quel langage digne de toi et capable de te manifester mon amour, mon âme pourra-t-elle te parler? Je l'ignore; mais n'importe, tu lis en moi; tu vois bien que je t'aime. » Et mes larmes coulaient comme une pluie d'orage, mes sanglots brisaient ma poitrine, j'étais tombée derrière mon banc. J'arrosais littéralement le pavé de mes pleurs.

La sœur qui venait fermer l'église

entendit gémir et pleurer; elle
chercha, non sans frayeur, et vint
à moi sans me reconnaître, sans
que je la reconnusse moi-même
sous son voile et dans les ténèbres.
Je me levai vite, et sortis sans songer à la regarder ni à lui parler.
Je remontai à tâtons dans ma cellule; c'était un voyage. La maison
était si bien agencée en corridors
et en escaliers, que pour aller de
l'église à cette cellule, qui touchait
à l'église même, il me fallait faire
des détours et des circuits qui pre-
naient au moins cinq minutes en
grimpant vite. Le dernier escalier
tournant, quoique assez large et
peu rapide, était si déjeté qu'il était
impossible de le franchir sans pré-

caution et sans bien se tenir à la corde qui servait de rampe; à la descente, il vous précipitait en avant malgré qu'on en eût.

On avait fait la prière sans moi à la classe; mais j'avais mieux prié que personne ce soir-là. Je m'endormis brisée de fatigue, mais dans un état de béatitude indicible. Le lendemain, *la comtesse*, qui, par hasard, avait remarqué mon absence de la prière, me demanda où j'avais passé la soirée. Je n'étais pas menteuse, et lui répondis sans hésiter : « *A l'église.* » Elle me regarda d'un air de doute, vit que je disais vrai et garda le silence. Je ne fus point punie; je ne sais quelles

réflexions cette bizarrerie de ma
part lui suggéra.

Je ne cherchai pas madame Alicia pour lui ouvrir mon cœur. Je
ne fis aucune déclaration à mes
amies les diables. Je ne me sentais
pas pressée de divulguer le secret
de mon bonheur. Je n'en avais pas
la moindre honte. Je n'eus aucune
espèce de combat à livrer contre
ce que les dévots appellent le
respect humain : mais j'étais comme
avare de ma joie intérieure. J'attendais avec impatience l'heure de la
méditation à l'église. J'avais encore
dans l'oreille le *Tolle, lege!* de ma
veillée d'extase. Il me tardait de
relire le livre divin; et cependant,

je ne l'ouvris point. J'y rêvais, je
le savais presque par cœur, je le
contemplais pour ainsi dire en moi-
même. Le côté miraculeux qui
m'avait choquée ne m'occupa plus.
Non-seulement je n'avais plus besoin d'examiner, mais je sentais
comme du mépris pour l'examen;
après l'émotion puissante que j'avais
goûtée dans sa plénitude, je me
disais qu'il eût fallu être folle, ou
sottement ennemie de soi-même,
pour chercher à analyser, à com-
menter, à discuter la source de pa-
reilles délices.

A partir de ce jour, toute lutte
cessa, ma dévotion eut tout le caractère d'une passion. Le cœur une

fois pris, la raison fut mise à la
porte avec résolution, avec une sorte
de joie fanatique. J'acceptai tout, je
crus à tout, sans combats, sans
souffrance, sans regret, sans fausse
honte. Rougir de ce qu'on adore,
allons donc! Avoir besoin de l'as-
sentiment d'autrui pour se donner
sans réserve à ce qu'on sent parfait
et chérissable de tous points! Je
n'avais rien de plus excellent qu'une
autre dans le caractère; mais je
n'étais point lâche, je n'aurais pas
pu l'être, l'eussé-je essayé.

FIN DU TOME DOUZIÈME.

TABLE

DU TOME DOUZIÈME.

TROISIÈME PARTIE.
(*SUITE.*)

CHAPITRE ONZIÈME.
(Suite.)

CHAPITRE TREIZIÈME.

CHAPITRE QUATORZIÈME.